이주민 선교
현장 리포트

이주민 선교 현장 리포트

시대적 소명에 응답한 사람들의 이야기

초판 1쇄 인쇄 2026년 3월 10일
초판 1쇄 발행 2026년 3월 20일

지은이　　　김영애
발행인　　　강영란
사업총괄　　이진호

편집　　　　박관용 권지연
디자인　　　트리니티
제작　　　　아이캔
물류　　　　신영북스

발행처　　　샘솟는기쁨
주소　　　　서울시 중구 수표로2길 9 예림빌딩 402 (04554)
대표전화　　02-517-2045
팩스　　　　02-517-5125
홈페이지　　https://blog.naver.com/feelwithcom
이메일　　　atfeel@hanmail.net

ISBN　　　　979-11-92794-77-8 (03200)

이주민 선교 현장 리포트

시대적 소명에 응답한 사람들의 이야기

김영애 지음

샘솟는 기쁨

이주민 선교를 꿈꾸는 교회에게

이 책은 암미선교회가 걸어온 30년 이주민 사역의 단순한 보고서가 아닙니다. 김영애 선교사님의 간증이면서 동시에 하나님께서 한국 사회의 가장 낮은 자리, 가장 낯선 경계선에 있는 이주민들을 어떻게 인도하셨는지를 보여 주는 신앙고백서입니다.

김 선교사님은 지난 30년 동안 암미선교회를 이끌며, 세상의 주변부로 밀려난 사람, 이주민들을 하나님의 시선으로 바라보아 왔습니다. 한국 교회가 아직 주목하지 못했고, 이름조차 불리지 못했던 이 시대의 '외부자들'과 함께 울고 웃으며 걸어온 그 시간들은, 이 책에서 하나의 사역 보고를 넘어 살아 있는 간증으로 남아 있습니다.

이 책이 한국 교회의 이주민 선교 역사에서 특별한 의미를 갖는 이유는 분명합니다. 이주민을 단순한 '도움의 대상'이 아니라, 하나님의 나라를 함께 세워 가는 동역자로 바라보는 신학적 통찰이 일관되게 흐르고 있기 때문입니다. 세계 선교의 중심이 서구에서 비서구로 이동하고, 많은 사람이 국경을 넘어 이동하는 오늘의 현실 속에서 이는 한국 교회가 반드시 회복해야 할 시선이자 태도입니다.

암미선교회의 30년을 담은 이 책에 기록된 에피소드들은 김 선교사님의 자기중심적으로 미화된 회고가 아닙니다. 선교사님은 지난 30년 동안의 시행착오와 한계를 담담히 그려 내고, 그럼에도 불구하고 감당해야 했던 불가피한 선택들을 솔직하게 고백합니다. 그렇기에 이 책은 과거를 정리하는 보고서에 머물지 않고 다음 세대를 향한 이정표가 되며, 앞으로 한국 교회와 선교 공동체가 이주민 선교를 어떻게 감당해야 할지 보여 주는 실제적인 길잡이가 됩니다.

이 책을 통해 더 많은 교회와 선교 단체, 그리고 다음 세대의 리더들이 이주민 선교를 '특수 사역'이 아니라 한국 교회의 중심 사명으로 인식하게 되기를 바랍니다. 암미선교회의 지난 30년이 그러했듯, 앞으로의 여정 역시 하나님 나라의 확장을 향한 겸손한 동행이 되기를 기대하며, 기쁜 마음으로 이 책을 추천합니다.

강대흥 | 한국세계선교협의회(KWMA) 사무총장

한국이주민선교연합회(KIMA)가 암미선교회의 설립 30주년을 진심으로 축하합니다. 1990년 한·소 수교(1991년 한·러 수교로 승계), 1992년 한·중 수교와 더불어 고려인 동포들의 귀환이 시작되었고, 1993년부터는 외국인 근로자들의 입국이 이어지며 한국 사회는 세계를 향해 문을 활짝 열었습니다.

이 변화의 시기, 1995년 겨울 구주 예수님의 탄생을 기념하며 이 땅의 '손님 나그네'를 귀하게 대접하고자 했던 김영애 선교사님과 암미 가족의 헌신적인 마음과 손길을 보시고, 하나님께서는 당신의 귀한 영혼들을 그들에게 맡겨 주셨습니다. 험난하고 가난하며 힘든 길이었지만, 오직 사명 하나로 30년을 한결같이 달려온 그 걸음과 기록을 한국 교회와 이주민 선교계에 내놓으니 그 자체만으로 큰 감동이 됩니다.

암미선교회의 30년 역사는 한국 사회의 이주민 선교 역사와 궤를 같이합니다. 이 책은 단순히 한 단체의 발자취를 넘어, 지난 세월 동안 이 땅에 온 '손님 나그네'들을 향한 한국 교회의 뜨거운 사랑과 헌신을 대변하는 살아 있는 증거입니다.

특히 1~2부에 담긴 선교 현장의 생생한 기록과 꼼꼼한 연구 자세로 살펴 온 자료들은 그 자체로 이주민 선교의 귀한 전략서가 됩니다. 이는 한 선교사의 전적인 헌신과 한국 교회를 동원하여 이루어 가시는 하나님의 열심에 대한 생생한 기록입니다. 또한 복음의 씨앗이 열매 맺어 타국으로 파송된 이주민 선교사들의 이야기는 우리 KIMA 소속 모든 회원 단체와 사역자들에게 큰 도전과 감동을 선사합니다. 다양한 국적의 이주민들이 주님의 제자로 굳건히 서는 모습은 우리가 추구하는 이주민 선교 사역의 궁극적인 목표임을 다시 한번 상기시켜 줍니다.

3부, 그리고 4부의 선교 논단은 풍부한 현장 경험을 바탕으로 이주민 선교와 목회·신학적 성찰과 실천, 그리고 미래 전략까지 깊이 있는 방향성을 제시합니다. 이는 암미선교회가 개별 단체를 넘어 얼마나 많은 단체와 긴밀히 협력하며 동역하고 있는지를 보여 주는 증거이며, 한국 교회 전체가 이주민 선교라는 시대적 사명을 감당하도록 깊은 통찰력을 제공하는 데 기여하고 있습니다.

다시 한번 암미선교회 30주년을 축하드리며, 이 책을 통해 하나님께 영광이 되고, 더 많은 교회와 성도들이 이주민 선교의 소중한 비선에 동참하는 불쏘시개가 되기를 간설히 소망합니다.

정노화 선교사 | 한국이주민선교연합회(KIMA) 상임대표

암미 선교 30주년을 기념하며

암미선교회*가 이주민 선교를 시작한 지 어느덧 30년이 되었다. 이주민 선교 역사를 35년 정도로 본다면 암미선교회도 초창기 세대라고 할 수 있을 것이다. 1995년 12월 성탄 이브 주일 오후에 우연히 지역의 외국인 다섯 명과 성탄 파티를 가진 일이 암미의 시작이 될 줄은 아무도 예측하지 못했다.

그 후 이 일에 관심 있는 지역 교회들과 성도들이 하나둘씩 더해져 지속적으로 함께한 것이 오늘에 이른 것임은 분명하다. 선교사 혼자라면 어떻게 그렇게 오랜 세월 결코 쉽지 않은 이주민 선교를 할 수 있었겠는가? 이렇게 하여 암미를 통해 이주민

* 이 책에서는 암미선교회 또는 암미로 표기한다. 암미는 히브리어로 '나의 백성'이라는 뜻이다.

선교의 인프라가 이루어진 것이 무엇보다 감사하고, 그동안 참여해 준 모든 분들께 진심으로 감사를 드린다.

나는 시작 당시부터 이주민 선교 현장에서 흔히 볼 수 있는 다민족 현상에 대해 주목하고 시종일관 연구의 자세로 임해 왔다. 그 결과 이주 현상은 마지막 때 하나님의 섭리로 이루어진 것으로 다민족 선교가 그 주요한 특징인 것을 발견하게 되었다. 이에 따라 다민족 선교에 대한 적극적 이해와 함께 그에 따른 새로운 선교 목회 프로그램을 개발하려고 힘을 써 왔다.

무엇보다 지난 30년간 암미가 선교회로서 세 가지 선교 자원 곧 영적, 인적, 재정적 자원 문제에 항상 직면했어도 지금까지 올 수 있었던 것은 과연 우리 하나님이 선교의 하나님이심을 보여 주신 좋은 예라고 하겠다. 외국인 근로자(이주 노동자)를 대상으로 시작된 이주민 선교는 이제 다문화 가정, 유학생, 난민 등으로 그 범위가 넓어졌다. 암미의 경우 시작부터 이주 노동자 선교가 주축을 이루어 왔고, 차츰 다문화 가정들이 생기면서 선교센터 건축 및 증축의 역사까지 있었다.

이 책은 사역 일선에서 틈틈이 써 온 칼럼과 암미가 1년 두 차례 꾸준히 발간해 온 뉴스레터의 글을 정리하여 담았고, 귀국자와 파송 선교사들의 사역 간증, 봉사자와 후원자 등 동역자들의 생생한 기록과 간증들도 실었다. 여기에 더하여 이주민 선교의 분야별 전문가들의 논단을 실어 전반적인 이주민 선교 이해를 도모하였다.

지난 30년 이주민 선교 현장의 이야기들을 담은 이 암미선교회 사역 리포트가 이주민 사역을 하고 있는 교회와 기관들, 특히 이주민 선교를 꿈꾸고 있는 지역 교회들에게 좋은 정보가 되며 아울러 도전이 되기를 바라는 마음이다. 뜻깊은 이 기념집에 함께한 모든 분들께, 특별히 추천사를 써 주신 존경하는 KWMA 강대흥 사무총장님과 KIMA 상임대표 정노화 선교사님께 감사드리며 원고 정리를 위해 수고해 준 이준동 목사님에게도 감사의 마음을 전한다.

모든 영광과 존귀를 주님께!!

2026년 2월
선교의 새 역사를 기대하며
암미선교회 대표, 김영애

복음을 품고
부르심의
현장으로!

_Am

PART 1

암미의 현장,
하나님 나라의 풍경들

데이터와 정보가 범람하는 시대에도 결코 AI가 흉내 낼 수 없는 인간 고유의 영역이 있다. 바로 '연결'하는 힘이다. 언어 차이 문화 차이로 벌어진 간극의 현장에서, 서툰 한국말 너머 존재의 무게를 읽어 내며 진정한 소통을 시작한 지 30년. 그 기록은 사역 보고서가 아니라 나그네를 환대하고 동역자로서 함께한 고귀한 관계의 산물이다. 여기 기록한 암미 현장의 이야기들은 이제 이 땅에 임할 하나님 나라의 가장 따뜻한 풍경이 되기를 바란다.

이주민 선교로의 부르심

어제 한 기독교 TV 방송국에서 인터뷰 요청이 왔다. 그 순간 만사를 주관하시는 하나님의 오묘한 섭리를 다시금 떠올리게 되었다. 이주민 선교를 하리라고는 꿈에도 생각하지 못했는데, 어느덧 24년을 이어 오고 있으니 말이다.

이주민 선교의 시작은 1995년, 서울 구로공단에서 만난 한 필리핀 형제가 남양주시 진접읍의 공장으로 옮겨 가면서 그를 찾아간 것이 계기가 되었다. 그곳에는 많은 외국인 근로자들이 있었지만, 그들에게 관심을 보이는 교회는 없었다. 당시 나는 미국의 한 교회 초청으로 선교 비자를 기다리던 중이었기에, 미국에 가기 전까지 주말마다 그곳을 방문하며 잠정적으로 외국인들을 만나기로 했다.

그 시절 외국인 근로자들의 열악한 상황은 사회적 문제로 자주 거론되었다. 인권의 사각지대에 놓인 그들을 돕는 일은 남성 사역자에게도 쉽지 않았는데, 독신에 여전도사인 내가 감당하기에는 더욱 벅찼다. 그러나 감당해야 할 일은 점점 더 많아져 주중에도 이어졌고, 때로는 주일 설교 준비조차 제대로 하지 못한 채 강단에 서야 할 때도 있었다. 하필 그런 날 누군가가 예배 장면을 비디오로 촬영하여 진땀을 흘린 기억도 있다.

외국인들과의 문화 차이에서 오는 당황스러움, 고민과 갈등은 하루아침에 해결되지 않았다. 나는 하나님께 기도했다.

"주님, 제게 맡기신 사역이 무척이나 어렵습니다. 이 가운데 이슬람권에서 단 한 명이라도 열매가 맺히게 해 주신다면 여한이 없겠습니다."

사역적으로나 재정적으로나 쉽지 않았다. 재정난으로 월세를 3개월이나 밀리게 되어, 한여름에 수박 한 통을 사 들고 건물주를 찾아가 사정을 하기도 했다. 그러나 하나님의 일은 놀라웠다. 이슬람권에서만 9명(이란 7명, 방글라데시 2명)의 열매가 맺혔고 필리핀, 페루 등 다른 국적의 열매는 더욱 풍성하여 그중 여러 명이 사역자로 세워졌다. 지금까지 이슬람권을 포함해 다국적으로 150여 명이 세례를 받았다.

하나님께서는 내 기도보다 더 풍성한 은혜를 베푸셨다. 현재는 아담한 선교센터 건물까지 세워져 주일마다 외국인들로 가득하다. 10년 전 어렵게 3~4층을 증축했는데, 지금은 그곳에서 한국어를 배우는 학생들이 만원을 이루고 있다. 이 한국어 교실은 선교의 훌륭한 도구가 되고 있으며, 무엇보다 예배가 충실해져 은혜로운 모습의 '선교하는 교회'로 자리 잡았다.

잠정적 이주민 사역이 본격적인 선교 목회가 되면서 내게 목사 안수가 절실할 때도 하나님은 간섭하셨다. 물론 그 필요성은 알고 있었지만, 나는 성격상 스스로 목사 안수를 받겠다고 나서는 위인이 못 된다.

주 후원 교회가 후원을 중단하여 내가 GMS에서 나오게 된 얼마 후, 이른 새벽이었다. 운영위원회 목사님들이 나의 안수 문제를 논의하게 되었다. 모두 찬성했는데 그중 한 분이 부정적인 말을 길게 했다. 그런데 그 말이 끝나자마자 사회자 목사님이 나를 향해 "그럼 다 좋다고 했으니 목사 안수를 받으세요!"라고 해서 웃은 기억이 새롭다.

세월이 흐르며 내게는 전도와 가르침의 은사뿐 아니라 목양의 은사도 있음을 발견하게 되었다. 초창기에는 전적으로 외부 선교 헌금에 의존했지만, 이제는 선교회 자체 헌금이 외부 헌금의 3분의 1에 달한다. 만일 내 계획대로 미국에서 선교 사역을 했다면 이런 풍성한 역사를 경험했을지 의문이다. 나를 나보다 더 잘 아시고 인도하신 예수님은 얼마나 위대하고 멋진 대장이신가! 그분은 일꾼들을 적재적소에 배치하시는 참된 지휘관(Commander)이시다.

02

피기 헌금 운동

암미에서는 매월 셋째 주 '피기(Piggy) 광고'가 나온다. 이는 해외의 가난한 어린이들을 위해 넷째 주에 그룹별로 드려질 피기 헌금을 준비하자는 안내이다.

피기 헌금 운동의 역사는 꽤 오래전으로 거슬러 올라간다. 암미선교회가 태동할 당시, 인근 4명의 목회자들이 '암미선교회'라는 이름으로 후원 조직을 만들면서 곧 시작되었다. 그들은 주말마다 서울에서 여전도사가 외국인 근로자 선교를 위해 오는 것을 보고, 공장 지대인 이 지역에서 선교가 중단되지 않도록 적은 액수라도 후원하자고 뜻을 모았다. 처음에는 간식비 정도의 후원으로 시작했지만, 조직이 생기자 '선교 후원의 밤'을 두 차례 열어 선교 기금을 마련하기도 했다.

한번은 돼지 저금통을 많이 제작해 네 교회에 한 자루씩 나누어 주었다. 성도들이 선교 헌금에 동참하도록 하기 위해서였다. 그러나 시간이 지나면서 저금통 중 일부는 돌아왔지만, 일부는 소식이 끊겼다. 결국 남은 저금통을 암미에 출석하는 외국인들에게 나누어 주었다. "한국에서 일할 수 있는 기회에 감사하며 해외의 가난한 어린이들을 위해 돼지 저금통 운동을 시작하자"는 광고와 함께. 그렇게 본격적으로 돼지 저금통 운동(Piggy Movement)이 시작되었다.

돼지 저금통 운동은 잘 정착되어 30년이 다 된 지금까지 이어지는 암미의 자연스러운 전통이 되었다. 이 운동은 장기 결석 중인 멤버들이 저금통을 채우다가 다시 교회에 출석하는 계기가 되기도 한다. 가족 단위로 참여하기도 하고, 아이들까지 함께하는 경우도 있다. 예배 헌금 시간에 동전으로 가득 찬 돼지 저금통이 등장하는 모습은 흔한 풍경이 되었으며, 코로나 시기에도 어느 주일에는 다섯 개나 모이기도 했다. 특히 기부 문화에 익숙한 필리핀 그룹이 자연스레 중심 역할을 하고 있다.

그러다 한동안 돼지 저금통이 보이지 않아 이상하게 생각했다. 알고 보니 외국인들도 현금보다 카드를 사용하는 경우가 많아졌던 것이다. 이에 사역자 모임에서 매월 넷째 주일을 '돼지 저금통의 날'로 정하고, 저금통을 사용하지 않는 멤버들은 그 주일에 구제 헌금을 드리기로 했다. 2주간 광고 후에 시작했는데, 시행일인 2022년 9월 25일 첫날에 무려 375,010원이 모였다.

특히 자폐아를 둔 한 페루 자매가 145,970원이 든 돼지 저금통을 가져와 모두를 놀라게 했다. 족히 세 개 분량의 동전을 비닐에 담아 왔고, 거기에 돼지 저금통 다섯 개를 더 가져온 것이다. 젊은 나이라지만 그 무거운 동전을 들고 버스를 타고 온 정성은 감동 그 자체였다. 자폐아를 돌보며 해외의 불우한 아이들을 생각해 많은 동전을 모은 그 마음은 깊은 울림을 주었고, 그날 자매는 뜨거운 박수를 받았다. 아마 그 일은 암미의 돼지 저금통 역사에 길이 남을 것이다.

그해 11월 20일, 추수감사절에는 놀랍게도 100만 원이 넘게 모였다. 이에 홍수로 국토 3분의 1이 잠겨 수백만 명의 어린이들이 학교에 가지 못하는 파키스탄에 40만 원을 보내고, 남은 금액은 필리핀, 캄보디아, 페루, 파라과이, 인도네시아 등의 어린이들에게 보냈다. 큰 지진 피해로 어려움을 겪었던 튀르키예에도 정성스러운 저금통 헌금이 이어졌다.

이렇게 보낼 때마다 감사와 기쁨이 넘친다. 주님께서 우리의 돼지 저금통 운동을 기뻐하심이 느껴져 더욱 행복하다.

03

암미의 맥추감사절

암미가 맥추감사절을 지키게 된 것은 초창기, 지하에 교회가 있던 2002년부터였다. 당시 정부가 외국인 근로자들에게 발표한 법령이 꽤 당혹스러운 내용이어서, 많은 이들이 방황하며 주말마다 교회 대신 서울로 나가곤 했다.

마침 맥추감사절 시즌이었기에 외국인 근로자들에게 이에 대한 설교를 하고 감사 페스티벌을 열어 보자고 제안했는데, 뜻밖에도 성대한 축제가 되었다. 특히 사무엘 전도사가 리더로 있던 페루 그룹은 많은 연습을 거듭하고, 일제히 유니폼까지 갖추어 나와 모두를 놀라게 했다.

맥추감사 페스티벌은 국가별로 찬양, 워십 댄스, 드라마 등을 준비하여 발표하는 행사다. 감사 헌금을 드리며 다 같이 하나님께 상반기의 은혜를 감사하는 의미를 담고 있다. 다국적 구성원들이 참여하다 보니 자연스럽게 다채로운 축제 분위기가 형성되고, 무더운 여름을 시작하는 교회에 큰 활력을 불어넣는다. 크리스천 외국인 근로자들이 페스티벌을 준비하며 음식을 만들어 주변 외국인들을 초청하는 모습은 마치 '총동원 전도 주일'과 다름 없어 보인다.

초창기에는 아직 믿음이 없는 멤버들이 많아 장기자랑 순서도 있었다. 전통 악기를 연주하거나 팝송을 부르기도 하여 여러 나라 젊은이들이 함께 즐기는 문화 축제의 성격을 띠기도 했다. 그러나 시간이 흐르며 이들의 믿음이 성장했고, 언제부턴가 맥추감사절이 가까워지면 '감사 나무 플래카드'가 등장하게 되었다. 지난 상반기에 받은 은혜를 각자 적어 큰 나무 모양의 열매에 붙여 놓으면 전체적으로 멋진 감사 나무가 완성된다.

7월 첫 주에 지키는 맥추감사절은 돼지 저금통 헌금 액수가 가장 많은 때이기도 하다. 맥추감사절은 첫 열매를 하나님께 드리며, 성내 레위인과 가난한 고아와 과부와 나그네와 함께 추수의 기쁨을 나누는 절기이다. 따라서 첫 열매 곧 십일조를 가르칠 수 있는 좋은 기회가 되며, 또한 외국인 근로자들이 해외의 가난한 어린이들을 자연스레 생각할 수 있게 한다.

맥추감사절이 오래전부터 암미에서 중요한 절기로 자리 잡은 것은 참으로 감사한 일이다. 돌아보니 놀랍게도 암미에서 선교사와 전도사 등 사역자들이 파송된 날도 대부분 맥추감사절이었다. 그중 페루의 파블로는 선교센터가 건축된 후 첫 맥추감사절에 파송되었다.

코로나가 한창일 때조차 이 절기만큼은 자연스럽게 지켜졌다는 사실이 놀랍다. 맥추감사절에 드려진 돼지 저금통 헌금이 해외의 가난한 어린이들을 위해 쓰이는 것도 맥추절의 의미를 더해준다. 그뿐만 아니라 "주는 것이 받는 것보다 복이 있다"(행 20:35)는 말씀을 실천하는 기회가 된다.

첫 열매를 감사함으로 드리는 맥추감사절에는 축복의 약속이 있다. 곧 연말에 밭의 추수를 거두는 수장절, 오늘날의 추수감사절을 바라보게 하여 더욱 믿음의 자세로 하반기를 시작하게 한다. 암미에서 이 귀한 맥추감사절이 잘 뿌리내린 것이 얼마나 감사한지 모른다. 할렐루야!

2024년 5월, 생명의 축제

04

찬양선교단, 영원한 찬양

해마다 부활절이 되면 찬양선교단 '영원한 찬양(Eternal Psalm)'이 암미를 방문한다. 제자들선교회(DFC) 소속인 이 팀은 선교의 비전으로 시작해 대학과 군부대는 물론 해외 순방까지 하며, 선교지에서 복음을 전하고 결신까지 이끌어 내는 귀한 사역을 감당하고 있다.

그래서일까, 그들의 찬양을 들을 때마다 주님의 임재가 깊이 느껴진다. 특히 암미에 올 때는 가국 언어로 찬양을 준비해 와서 큰 감동을 선사하는데, 올해도 어김없이 풍성한 은혜를 끼쳤다.

이번 집회는 점심시간을 훌쩍 넘어 오후 1시가 넘어서야 끝날 정도로 긴 시간 진행되었다. 영어 찬양 외에도 필리핀의 따갈로그어, 서반아어, 캄보디아어, 네팔어, A국어 등의 찬양이 이어졌다. 해당 국가 형제들은 기쁨을 감추지 못하고 자리에서 일어나 찬양을 들었는데, 그 모습이 무척 인상적이었다. 오직 A국 팀만은 일어나지 않았는데, 나중에 들으니 너무 반갑고 기쁜 나머지 주춤하다가 결국 일어나지 못했다는 후문이었다.

한국 CCM 찬양도 이어졌다. 주님의 십자가 고난을 온몸으로 찬양한 메인 솔로의 열창은 스크린에 띄워진 십자가 영상과 어우러져 더 절절하게 다가왔다. 오랜 시간 사역을 이어 온 찬양선교단다운 면모였다. 두 자매의 워십 댄스도 아름다웠고, 수많은 곡을 완벽하게 소화하는 모습은 얼마나 많은 연습이 있었을지 감탄을 자아냈다. 마지막 곡 〈할렐루야〉는 불과 5명의 싱어들임에도 웅장한 분위기를 자아내며 본래의 곡다운 감동을 전했다.

영원한 찬양 선교단이 암미를 처음 방문한 것은 2006년 부활절이었다. 당시 필리핀과 페루 그룹이 활발했는데, 팀은 영어 찬양과 함께 따갈로그어와 서반아어 찬양을 준비해 큰 호응을 얻었다. 특히 생기 넘치는 따갈로그어 부활 찬양 〈buhay, buhay〉는 이후 필리핀 그룹에서 앙코르 송으로 불리기도 했다.

첫 집회 후 팀은 크게 고무되어 편지를 보내왔고, 그 편지는 그해 여름 암미 뉴스레터에 실렸다. 그들은 "암미교회에서의 찬양 집회는 마치 외국에서 집회를 하는 듯한 착각을 불러일으켰으며, 아직도 그날의 감동이 가슴에 남아 있다"라고 고백했다. 또한 "외국인 노동자들이 마음껏 예배드리고 쉴 수 있는 혜택을 누리는 교회 사역에 깊은 감명을 받았다"라며, 회교권 국가의 외국인들에게도 복음을 전하고 세례까지 준 사실에 놀라움을 표현했다.

단장 목사님은 2년 전 암미 20주년 기념집 『말은 안 통해도 선교는 통한다』를 읽고 문자 메시지를 보내왔다. 책 20권을 구입해 팀 후원자들과 나누고 싶다고 했으며, 국내 외국인 노동자를 섬기는 교회에 자신들의 팀을 무료로 봉사하도록 소개해 달라는 부탁도 덧붙였다. "위문품을 들고 갈 형편은 되지 못해 죄송하지만, 외국인들을 찬양으로 섬길 수 있도록 문을 열어 주시면 감사하겠습니다"라는 메시지는 큰 기쁨과 감동을 주었다.

영원한 찬양, 그 이름처럼 찬양은 영원하다. 모든 것이 변하고 지나가도 하나님께 드리는 찬양만큼은 영원히 남는다. 그 놀라운 찬양의 힘, 선교 동역의 아름다움이 암미의 역사 속에 깊이 새겨져 있다.

05

원더우먼

예배 후 식사 시간에 한 필리핀 자매가 가까이 다가오더니 선물이라며 내게 사진 액자를 건넸다. 받아 보니 기절초풍할 사진으로, 내 얼굴 사진만 살리고 긴 머리에 귀걸이를 달고 최고로[?] 야한 수영복 차림에 빨간 부츠를 신은 모습을 임의로 만들어 놓은 것이었다. 그 밑에는 "원더 글로리아 목사님(Wonder Pastora Gloria)"*이라는 글씨가 적혀 있었다.

정말 내 얼굴인지 의아해하고 있을 때, 네 살짜리 다문화 가정 아이 수진이가 사진을 보더니 손바닥으로 내 얼굴을 두드려 웃지 않을 수가 없었다. '이렇게 날 불경한 모습으로 만들다니….' 너무 기가 막혀서 잠시 그 자매를 쳐다보며 미소를 지었을 뿐, 감사하다는 말이 제대로 나오지 않았다. 나의 그 황당해하는 표정을 그녀가 읽을 수 있었을까?

* '글로리아'는 저자의 영어 이름이다.

처음 당하는 일인지라 순간적으로 내가 무슨 쇠망치로 얻어 맞은 기분이었다. 조금 진정하고 난 뒤 우선 다문화 가정 주일학교를 맡고 있는 여전도사님에게 그 사진을 보여 주었다. 그랬더니 한바탕 웃으며 하는 말이 "우리 외국인들이 목사님을 능력 있는 분으로 생각하는 모양"이라는 해석을 해 주는 것이었다.

그러기에 좀 더 용기를 내서 이번엔 장로님에게 보여 주었다. 장로님은 얼굴이 붉어지도록 크게 웃더니 원더우먼은 미국에서 한동안 크게 히트했고 우리나라에도 들어와 아이들까지 알고 있다고 했다. 옆에 서 있던 부인 권사님도 장로님을 거들며 필리핀 사람들이 나를 아주 귀하게 여긴 거라고 강조했다. 곧이어 A국 선교를 하고 돌아온 여선교사님이 옆으로 지나가기에 보여 주니까 아무렇지도 않은 듯 한마디 던진다.

"이거 원더우먼이잖아!"

사무실의 내 책상 밑에 그 사진 액자를 두면서 "그래도 사람들에게는 절대 비밀로 하고 나중에 조카들에게나 보여 주며 함께 웃자"라고 혼잣말로 중얼기렸나. 그런데 마침 필리핀 그룹의 리더 지미 목사님이 들어오기에 다시 그 사진을 꺼내 보여 주게 되었다. 그는 깔깔 웃더니 지난 봄 체육대회를 가졌을 때, 내가 배구 코트장을 구해 준 것에 대한 감사로 몇 사람이 벌써부터 준비해 온 것이라고 귀띔해 주었다.

그렇다 보니 나만 원더우먼을 모르고 있었던 사실이 드러나 오히려 부끄러워지기 시작했다. 얼마 전 토요 기도회에서 지미 목사님이 설교 도중 자신의 휴대폰을 들어 보이며 옆에서 통역을 하고 있던 내게 페이스북을 아느냐고 물었을 때, 얼른 기지를 살려 "내가 원더우먼인 것을 모르느냐?"라고 대답해 일제히 웃은 적이 있다. 그야말로 유일하게 원더우먼을 모르는 원더우먼(?)으로서 큰소리를 쳐 본 것이다. 유머가 필요한 선교지에 내게 한 가지 무기가 생긴 듯하다.

이 충격적인 특별한 사진에 대해 점차 안정을 찾아가고 있을 무렵, 선교 방송사 CGN TV가 취재차 암미를 방문했다. 3명의 방문 팀에게 내가 먼저 웃음을 선사하겠다며 이 사진을 보여 주니까 웃음 대신 그들은 얼른 카메라를 대면서 찍는 것이었다. 당황했지만 나도 점잖은 체면에 안 된다고 할 수가 없었다. 더구나 나만 원더우먼을 모르고 있었으니까.

결국 이 사진은 이제 TV로까지 알려지게 되었다. 심지어 PD는 이 사진을 내게 건넨 필리핀 자매도 인터뷰를 하겠다며 주선해 달라고 부탁하는 것이었다. 참으로 놀라운 일이다. 처음에는 이 사진 때문에 적잖은 충격을 받았는데 이 사진이 TV 매체를 타고 다른 사람들에게까지 알려지게 되다니.

그래도 이 사진을 위해 시간을 들여 정성껏 만들어 선물해 준 필리핀 지체들의 의도를 이해하게 된 것이 얼마나 다행인지 모르겠다. 내게는 아무리 봐도 경건치 못한 이상한 원더우먼 사진이

건만 거기에 그런 귀한 의미가 담겨 있을 줄을 누가 알았으랴!

선교하면서 누구보다 문화 차이는 이해하고 있다고 생각해 왔는데, 나의 무지에서 또 다른 문화 차이 문제가 이렇게 생길 줄은 몰랐다. 그래서 사람은 평생 배워야 한다는 말이 생긴 것일까. 그렇다! 더구나 하나님을 경외하는 우리 그리스도인들이야말로 항상 겸손하게 배우는 자세가 필요하다.

2016년 배구대회

06

배구 대회의 기쁨

지난 주일 오후, 암미다문화센터 인근 초등학교 실내 체육관에서 필리핀 그룹이 중심이 되어 배구 대회가 열렸다. 정면에는 "암미 스포츠 페스티벌"이라는 현수막이 걸려 있었고, 자유롭게 둘러앉은 외국인들은 배구공이 네트를 넘을 때마다 함성을 질러 대회의 열기를 더했다.

참가자들은 승부욕보다는 스포츠 자체를 즐기는 모습이었다. 규모가 크지 않은 배구 대회였지만 개막식까지 갖추었고, 시상식은 다음 주일에 별도로 진행할 예정이라고 한다. 한 필리핀 자매는 치어리더 같은 복장으로 마이크를 잡고 전체 진행을 맡아 즐거움을 선사했으며, 직접 경기에 참여하지 않으면서도 유니폼을 입고 팀을 응원하는 자매들도 있었다.

필리핀 팀이 주도했지만 네팔과 캄보디아 팀도 게스트로 참여해 실력을 겨루며 막상막하의 솜씨를 뽐내 흥미를 더했다. 한편 센터에서는 A국 팀이 자발적으로 음식 재료를 준비해 주방에서 자신들이 좋아하는 반새우 요리를 만들어 먹으며 즐거운 시간을 보냈다. 더워져 가는 6월 중순, 주일 오후는 웃음과 환호로 가득했다.

모두 어린아이처럼 즐거워하는 분위기가 내겐 참으로 흐뭇했다. 특히 그 초등학교 실내 체육관이 우리에게 꼭 필요한 배구 코트를 갖추고 있다는 사실이 놀라웠다. 평소에는 장구 연습 소리만 들리던 곳이었기에 관심 밖이었는데, 그 안에 이렇게 훌륭한 시설이 있을 줄은 몰랐다.

지난 5월 초, 전임 사역자가 갑자기 사임하면서 배구 대회 장소 섭외가 내 몫이 되었고, 심적으로 큰 부담이 있었다. 인근 고등학교 운동장을 문의했으나 우리가 기독교 선교 단체라는 이유로 거절당했다. 그 학교는 지역에서 드문 불교 배경을 가진 학교였다. 나는 즉시 강력히 기도했다.

"주님, 그들이 말한 것을 들으셨지요? 모든 영토가 주님께 속하였는데 우리를 거절했습니다. 그러니 전도와 교제를 목적으로 하는 이 중요한 배구 대회의 장소를 주님께서 직접 준비해 주십시오. 이 일은 주님 자신이 하셔야 할 일이 아닙니까?"

이후 주변의 작은 대학을 찾아갔으나 실망스럽게도 아무도 만나지 못했다. 마지막으로 암미센터와 가장 가까운 초등학교를 찾았을 때는 오후 5시 반, 이미 행정실은 문을 닫은 상태였다. 그러나 2층 교무실 문을 열자 한 교사가 미소로 맞으며 차를 권했다. 나는 율무차를 선택하고 곧바로 체육관을 빌려 배구를 하고 싶다는 취지를 말했다. 그는 전화번호를 남기라며 내일 연락하겠다고 했지만 기대하지 말라고 했다. 나는 지나가는 말로 "이 학교에 믿음이 좋은 교감 선생님이 계시다고 들었는데 한번 뵙고 도움을 요청하고 싶습니다"라고 했다.

그러자 옆에 있던 교사가 바로 내 앞에 계신 분이 교감 선생님이라고 알려 주었다. 그분은 크게 웃으며 커피를 가져다주고 자리에 앉았다. 졸지에 교감 선생님으로부터 차를 두 잔이나 대접받은 셈이었다. 그는 이 학교에도 20여 명의 다문화 가정 아이들이 있다며 우리 센터의 일에 관심을 보이고 이야기를 들어 주었다.

다음 날 아침, "행정실에 가서 수속을 밟으세요"라는 반가운 문자 메시지가 왔다. 기대하며 찾아가니 담당자가 교장실로 안내했다. 교장 선생님은 "자꾸 빌려 달라면 곤란하다"라며 이번만 허락하겠다고 했다. 그래도 안도의 한숨이 나왔다. 생각과 달리 그 체육관은 배구 대회를 위한 완벽한 준비를 갖추고 있었다.

주님은 얼마나 세밀하신지, 시간도 그렇고 만나야 할 사람도 정확히 만나도록 이끄셨다. 참새 한 마리가 떨어지는 것도 하나님의 허락이 있어야 하고, 우리의 머리털까지 세신 바 되었다 하신 주님은 과연 만사를 주관하며 섭리하는 분이시다. 이번 배구 대회의 기쁨이 더욱 배가된 이유이다.

다문화 가정에 전해지는 사랑

암미는 선교회이기에 이따금 외부로부터 사랑의 손길이 답지한다. 그 내용은 주로 옷가지나 가방, 신발, 혹은 유통기한이 다 되어 가는 식품들이다. 무엇이든 암미의 외국인들은 관심 있게 살펴보고 필요한 것을 챙겨 간다. 추운 겨울에 옷가지라도 생기면 스산한 분위기마저 따뜻해진다. 그러나 무조건 무료로 나누는 것은 감사의 마음을 잃게 하고 물량 선교의 위험이 있을 수 있기에, 반드시 작은 액수를 붙여 판매하고 있다.

새 옷가지가 나타나면 환호하며 좋아하지만, 어디까지나 체구에 맞는 사람들의 몫이다. 그러다 보니 한국인 사역자나 봉사자들에게도 차례가 돌아올 때가 있다. 나이가 많은 여성용 옷이라면 내 차례가 되기도 한다. 너무 헌 옷이거나 맞지 않아 가져가는 사람이 없으면 결국 승합차에 실어 처리하는 곳으로 가져가야 한다. 얼마 전에는 기한이 지난 과자류가 들어와 분리수거를 하느라 많은 시간을 소요하기도 했다.

그런데 지난 4월, 인근 교회 목사님으로부터 특별한 제안을 받았다. 가정의 달 5월에 다문화 가정 40가정에 생필품을 전달하고 싶으니 명단을 작성해 달라는 것이었다. 그것도 각 가정에 무려 10만 원 상당의 생필품을 선물하고 싶다고 했다.

'어찌 이런 일이… 지금은 다들 어려운 상황인데.'

감동이 되어 명단을 작성하면서도, 목사님께 전화를 하여 어떻게 이런 큰 선물을 하게 되었는지 물었다. 목사님의 설명은 이러했다. 지난 사순절에 성도들이 새벽기도를 하며 불우한 이웃을 위해 헌금을 했고, 이를 NGO 단체인 기아대책에 보내려 했으나 코로나 상황으로 해외 전달이 어려웠다. 그러자 기아대책이 오히려 그 교회와 협력하여 교회 주변의 불우한 이웃을 돕기로 했다는 것이다. 그중 3분의 2는 지역의 어려운 이웃을, 나머지 3분의 1은 다문화 가정을 돕기로 결정했다.

코로나가 지나갔다고 해도 교회들이 얼마나 어려운가. 심지어 재정난으로 문을 닫은 작은 교회들도 있다는데, 하나님은 그 교회의 정성을 보시고 주변의 어려운 이웃에게 풍성한 선물을 하도록 주관하신 것이 아닐까. 더구나 다문화 가정의 어려움까지 생각해 이렇게 큰 선물을 전하다니 생각할수록 신기하고 놀라운 일이다.

나는 현재 암미에 출석하는 다문화 가정 중에 미처 교회에 나오지 못하는 가정들, 그리고 과거 한국어 교육을 받은 이들의 리스트를 일일이 체크하며 연락을 취했다. "진접읍의 한 교회가 가정의 달을 맞아 다문화 가정에 큰 선물을 하고 싶어 한다"라고 전하자, 이내 웃으며 기뻐하는 모습이 참으로 인상적이었다.

나 자신도 이렇게 다문화 가정을 중심으로 전화로 대화를 많이 해 본 것은 처음이라 사역의 기쁨이 컸다. 그중에는 마음이 닫혀 별다른 반응을 보이지 않는 이들도 있었다. 좋은 선물을 받을 마음조차 없는 그들의 모습이 안타까웠고, 성경에 나오는 천국 잔치가 떠올랐다. 하나님은 죄로 고단한 인생들에게 놀라운 천국의 선물을 주시려 독생자를 보내셨건만, 사람들은 왜 그렇게 예수 믿는 것을 어려워하는지.

시국의 어려움으로 움츠러든 분위기에서 주님의 십자가 고난을 기리며 불우한 이웃을 위해 사랑을 나눈 그 교회와 기아대책의 귀한 헌신을 잊지 못할 것이다. 그 선물을 받은 다문화 가정 자매들이 놀라워하며 기뻐할 모습을 생각하니 벌써부터 흐뭇하다. 그리고 그들이 더 놀라운 하나님의 사랑을 알게 되기를 기도하게 된다.

가나의 혼인 잔치처럼

2014 추석 수련회는 연휴 첫날 주일, 예수님의 가나 혼인 잔치 설교와 함께 시작되었다. 예수님은 공생애 사역 셋째 날에 가나의 혼인 잔치에 초대되어 물을 포도주로 바꾸는 첫 이적을 행하셨다. 그 이적을 통해 예수님은 자신의 영광을 나타내시며 메시아로서의 정체성을 드러내셨다.

잔치에서 포도주가 떨어진 순간, 최선을 다해 준비했을 연회장이나 담당자가 얼마나 난처했을까를 생각해 본다. 그러나 그 당황스러운 상황이 주님의 간섭으로 오히려 큰 기쁨의 순간으로 바뀌었으니 얼마나 놀라웠을까. 지난겨울 다문화센터 증축으로 큰 재정 문제를 안고 추석 수련회를 준비한 암미로서는 이 이적이 더욱 실감되었다.

가나 혼인 잔치에는 포도주만 떨어진 것이 문제였지만, 우리는 워낙 재정이 없어 오직 기도에만 전념해야 했다. 예수님의 이적에서 드러난 모친 마리아의 믿음과 하인들의 순종이 우리에게도 요구되었다. 그 결과 주님은 어제나 오늘이나 영원토록 동일하신 분으로서 우리의 부족함만큼 많은 일을 이루셨다. 그것도 우리가 알지 못하는 사람들을 통해서였다.

먼저 강릉 경포대 인근의 한 교회가 우리를 위해 준비되어 있었다. 그 교회는 추석 연휴에 장소뿐 아니라 저녁 식사까지 마련해 우리를 맞이하여 큰 감동을 주었다. 성도 중에는 강원도 감자와 떡, 한과를 선물한 분들도 있었다. 담임목사님은 비용은 신경 쓰지 말고 가스비나 수도 요금 정도만 내면 된다고 하셨으며, 다음 날에는 자신의 간증을 나누며 외국인들에게 비전을 심어 주셨다.

추석 수련회 경비 중 가장 큰 부담은 버스 대여비였다. 그런데 학교 버스 기사인 한 장로님이 연결되어 놀랍게도 기름값만 받으셨다. 강사도 잘 연락되지 않아 걱정했는데, 마치 세례 요한처럼 요한복음 1장의 말씀을 열정적으로 설교하며 예수님이 누구인지 확실히 증거해 주었다.

또 큰 기도 제목이던 주방 봉사자는 수련회 하루 전날 서울 낙성대 소재 교회의 권사님이 가까스로 연결되었다. 그분은 친구까지 데려와 주방 팀을 원활하게 돕고, 자신이 하나님께 귀히 쓰임받을 줄 몰랐다며 눈시울을 붉히고 감사 헌금까지 드렸다. 주방 근처에서는 서로 덕담을 나누는 모습이 참으로 흐뭇했다.

요즘은 외국인들이 비자가 있어 연휴를 각자 즐기기에 동원이 쉽지 않다. 실제로 열심히 초청했지만 네팔인들은 오지 않았다. 그러나 그 자리는 뜻밖에도 몽골인들과 다른 외국인들이 채워 주었다. 해마다 헌신하는 금광교회 청년들 덕분에 올해도 각국 젊은이들의 페스티벌은 뜨겁게 달아올랐다. 그들은 낮에는 해변에서 외국인 지체들이 피구와 배구를 즐기도록 인도하며, 네팔인이 오지 않았어도 함께 뛰며 좋은 파트너가 되어 주었다.

여름 햇살처럼 눈부신 날씨도 정확한 기도 응답이었다. 다문화 가정 어린이들은 처음 보는 바다에 즐거워하며 뛰어다녔다. 바닷바람을 맞으며 시원한 나무 그늘 아래 앉아 구경하던 우리도 좋은 피서를 한 듯했다.

후원금을 보내 준 이들 가운데는 알지 못하는 분들이 많았고, 그중에는 예상치 못한 큰 금액을 보낸 분들도 있어 더욱 감동되었다. 이번 추석 수련회는 예수님으로 인하여 오묘하게도 가나 혼인 잔치 같은 기쁨의 수련회가 되었다. 섬김의 기쁨, 서로 알지 못해도 함께 나눈 주님의 사랑으로 인해 기쁨의 소리가 크게 울려 퍼졌다. 천국이란 이런 은혜로 가득한 곳일까. 동해 바다의 시원함이여, 그 평화로운 시골 풍경이여!

09

수련회는 다국적 선교의 장

암미에서 가장 큰 연례행사는 추석 수련회이다. 암미는 초기부터 다국적 선교 형태로 이루어졌기에 여러 가지 고민이 많았지만, 수련회를 통해 영적인 분위기가 잡히는 것을 보고 계속해서 추석 수련회에 비중을 두었다. 재정과 인적 자원이 부족했던 초창기에는 추석 수련회가 유일한 선교 전략일 정도였다. 평소에는 어려운 선교를 추석 연휴에 집중적으로 시도해 본 셈이다.

다국적 사람들이 모였을 때는 레크리에이션이나 페스티벌만큼 좋은 것이 없다. 다채로운 분위기가 연출될 뿐 아니라 시너지 효과가 나타난다. 한 국가 그룹이 영적으로 살아나면 다른 국가 그룹에도 영향을 주고, 특정 국가 그룹이 약해질 때도 다른 그룹이 보완해 전체적으로 큰 지장을 받지 않는다. 또한 복음이 모든 민족을 위한 것임을 보여 주는 시각적 유익도 있다.

특히 2018년 추석 수련회는 어느 해보다 특별했다. 사회 통합 프로그램(KIIP) 한국어 교실을 통해 새로운 외국인들이 더 많이 참석했기 때문이다. 스태프인 한국인을 포함해 무려 18개국에서 97명이 모였고, 그중 회교권인 방글라데시 사람들이 19명이나 되었다. 추석 연휴는 날씨가 좋은 계절이라 아름다운 자연을 만끽할 수 있었는데, 장소를 설악산으로 정한 것이 주효했다.

설악산은 아직 단풍이 들지 않았음에도 아름다웠다. 관광객이 많아 케이블카를 타기 위해 3시간이나 기다려야 했지만, 마침내 차례가 왔을 때의 환상적인 경험은 잊을 수 없었다. 외국인들도 환성을 지르며 즐거워했고, 국적을 넘어 마음을 열고 대화하며 산을 오르내리는 동안 보이지 않는 사랑의 줄에 매여 하나가 될 수 있었다.

사랑의 교제는 식탁에서도 이어졌다. 토속적인 한식임에도 외국인들은 한국인 못지않게 맛있게 먹으며 즐거워했다. 한 캄보디아 형제가 밤나무에서 알밤을 주워 와 요리를 부탁해 모두가 웃었고, 송편은 없었지만 밤이 추석 분위기를 대신했다.

저녁 식사 후 페스티벌을 통해 마음이 열린 외국인들은 언어가 잘 통하지 않음에도 긴 설교를 집중해서 들었다. 페루, 캄보디아, 네팔, A국 네 개 그룹만 통역이 있었는데 놀랍게도 방글라데시인 5~6명이 밤 10시까지 예배에 참석했다. 처음에는 주뼛거리던 그들이 페스티벌을 통해 마음을 열었다는 후문이다. 페스티벌의 위력이 이렇게 크다.

셋째 날 오전 예배에는 방글라데시 팀을 별도의 공간에서 방글라데시어로 된 예수 영화를 보도록 했다. 혹시라도 거부감을 가질까 봐 염려가 되었다. 하지만 네팔 선교사 부부가 함께 참석해 간증을 나누었고, 한국어 교사 부부가 간단한 게임으로 분위기를 풀어 준 뒤 영화를 상영하자 대부분이 끝까지 시청했다.

폐회 예배 후에는 자유롭게 소감을 나누었다. 짧은 한국어와 영어로 통역을 해 가며 소통을 시도하는 것 자체가 의미 있었다.

"평소에는 공장에서 일만 하는데 한국에서 이렇게 좋은 쉼을 갖고 아름다운 산을 볼 수 있어서 기뻐요."

"캄보디아의 제 가정은 불교인데, 암미에서 제 마음이 60% 이상 기독교에 열려 있어요."

"다음에 수련회를 하면 또 오고 싶어요."

"친구들과 같이 암미교회에 올 거예요."

스리랑카 형제는 웃으며 가장 짧지만 의미 있는 나눔을 했다.

"나 한국말 못해요. 영어 못해요. 암미교회 좋아요."

마지막으로 금광교회 청년은 이렇게 고백했다.

"18개국이 함께 모인 수련회에 참석해 보니 하나님은 참으로 선교의 하나님이심을 실감합니다. 선교를 위해 뭔가를 하고 싶습니다. 집에 돌아가서 여러분을 위해 계속 기도하겠습니다."

하나님은 이번에도 우리에게 최고의 시간을 선물해 주셨다. 이번 수련회는 한 폭의 그림처럼 아름다운 자연 속에서, 위로부터 내려오는 은혜를 풍성히 받은 귀한 시간이었다. 할렐루야!

10

첫 주기도문 암송 대회

지난달 두 차례에 걸쳐 주기도문 설교를 했다. 주기도문은 주님께서 직접 가르쳐 주신 기도의 모범이다. 설교를 준비하면서 나 자신부터 기도 생활에서 하나님 중심의 기도를 잊고 현실 문제에만 급급했음을 깨닫게 되었다. 이후 주기도문을 수시로 외우며 그 의미를 묵상하는 습관을 만들고 있다.

놀랍게도 암미의 외국인들 대부분은 아직 주기도문을 알지 못하고 있었다. 그래서 처음으로 8월 마지막 주일에 주기도문 암송 대회를 열기로 하고 광고를 냈다. 소그룹별로 진행하기로 했는데, 인원이 많은 필리핀은 세 그룹으로 나뉘어 모두 아홉 팀이 참여하게 되었다. 그중 두 팀은 인도네시아 형제와 필리핀 다문화 가정의 한국인 남편 혼자였기에, 리더들이 함께해 주기로 했다.

예배 후 암송 대회가 시작되자 모두가 소리를 내며 어수선했다. 집중이 되지 않아 누군가가 나와 주기도문 독창을 했고, 이어 한국말로 '입'을 여러 차례 따라 하도록 했으나 소용이 없었다. 박수를 치며 조용히 하라고 했더니 영문도 모르고 따라 박수를 치는 무리도 있었다. 알고 보니 모두 주기도문을 외우느라 정신이 없었던 것이다.

심사 위원으로 나온 두 목사님이 앞자리에 앉고, 각 팀이 차례로 나와 주기도문을 외웠다. 공장에서 일하며 열심히 외운 흔적이 역력해 감동이 되었고, 서로 손을 잡고 긴장하며 암송하는 모습은 꼭 주일학교 어린이들과 같았다. 아홉 팀이 각자 자기들끼리만 통하는 말로 주기도문을 외울 때, 언어와 문화가 달라도 우리가 주 안에서 한 형제임을 실감할 수 있었다.

처음에는 주기도문이 짧아 너무 빨리 끝날까 걱정했지만, 긴장하며 암송하느라 공백 시간이 자꾸 생겼다. 사역자들은 순발력을 발휘해 독창을 하거나 간증을 나누었다. 필리핀 목사님은 출입국관리소에서 목사 비자를 받을 때 직원이 진짜 목사인지 확인하려고 주기도문을 외워 보라고 했던 경험을 간증했다. 나도 청중들의 요청에 갑자기 영어 주기도문을 외워야 했다.

심사 위원 중 미국에 오래 있었던 목사님은 단순히 심사 평을 하고 우승 팀을 발표하는 대신, 칠판에 각 팀의 점수를 매겨 보여 주며 분위기를 고조시켰다. 모든 팀을 칭찬하고, 아기를 안고 나온 팀에는 특별히 점수를 더 주는 등 기지를 발휘해 대회를 더욱 즐겁게 만들었다.

결과는 필리핀 한 팀이 따갈로그어 노래로 주기도문을 암송

해 1점 차로 우승했다. 차점의 남미 팀은 불평했지만, "만약 목소리를 크게 냈더라면 우승했을 것"이라는 답에 조용해졌다. 순간적으로 그런 좋은 답이 나온 것은 아마도 오랜 세월 이런 분위기에 젖어 온 덕분일 것이다.

인도네시아 형제와 한국인 남편은 멤버들을 더 많이 전도하라는 의미로 장려상을 받았다. 포장된 선물을 받으며 기뻐하는 동안 특별한 광고가 있었다. 우승 팀을 제외한 모든 나라와 준비가 어려워 참여하지 못한 멤버들을 위해 9월 마지막 주일에 다시 주기도문 암송 대회를 열기로 한 것이다.

우연히 시작된 주기도문 암송 대회. 이번에는 외국인 지체들이 그 의미를 묵상하며 외운다면 믿음이 더욱 자라날 것이다. 주기도문이 이들의 기도 생활을 가능하게 하고, 나아가 주기도문으로 능력 있는 기도의 사람들이 되기를 소망한다.

11

필리핀 귀국자 방문기

16년 전 귀국자들을 위해 필리핀을 방문한 이후, 실로 오랜만에 다시 필리핀 땅을 밟게 되었다. 10월 말인데도 마닐라공항에는 따가운 여름 햇살이 내리쬐고 있었다. 멀리 바기오에서 밤차를 타고 12시간을 달려온 세 형제와 마닐라에 사는 제리, 그리고 현지 선교사님까지 모두 다섯 사람이 반겨 주었다.

선교사님의 승합차로 마닐라 근교 선교센터에 도착해 늦은 점심을 함께 먹었다. 모두 한국에 있었던 경험이 있어 한국 음식을 반기는 모습이었다. 식사 후 잠시 웃음꽃을 피우며 휴식을 취한 뒤, 선교사님은 자신의 사역지인 뽈로 빈민촌으로 우리를 인도했다. 더러운 하천의 냄새, 전기도 없는 판자촌 집들, 골목마다 붐비는 꾀죄죄한 아이들을 보며 착잡한 심정이 되었다.

다음 날 차로 6시간을 달려 팡가시난의 로저 집을 방문했다. 그는 한국에서 공장 일을 하다 사다리에서 떨어져 뇌진탕으로 사경을 헤맨 적이 있었다. 그때 우리가 얼마나 간절히 기도했던

가! 그저 살아 있는 모습을 보는 것만으로도 감사했다. 병원에 있을 때 성경을 독파하며 "성경이 제2의 아내가 되었다"라고 말하던 로저는, 예수님이 누구냐는 질문에 "여기 계신 분"이라고 대답하던 독특한 신앙고백을 가진 형제였다.

"로저, 집이 아주 크고 좋다!"

그에게 말하자 한국말로 "이거 한국 돈…"이라고 대답해 모두 웃었다. 이웃과 친지들이 모여 식사를 준비했고, 이스라엘에 있는 아내 로나도 전화로 인사를 전했다. 로저가 출석하는 교회 목사님까지 함께한 특별한 환영이었다. 식사 후 마신 코코넛 주스는 더위에 지친 몸을 시원하게 해 주었다.

밤 9시가 되어 바기오에 도착했다. 그곳에는 여러 귀국자가 있었고, 특히 지난여름 한국에서 간경화로 세상을 떠난 세실리아의 유족을 만나기로 했다. 그들은 북쪽 이사벨라에서 밤차로 12시간을 달려와 나를 기다리고 있었다. 아침에 숙소로 찾아온 귀국자들은 세실리아 가족을 합쳐 모두 12명이었다.

우리는 바기오의 작은 놀이공원 호수에서 노를 저으며 즐거운 시간을 보냈고, 전망 좋은 산등성이 관광지에서 오후를 함께했다. 가까운 상점에서 세실리아의 세 딸에게 슬리퍼를 사 주자 아이들은 기뻐서 어쩔 줄 몰랐다.

귀국자들은 선물을 가져오거나 가족을 소개했고, 페인트칠을 직업으로 하는 조엘 형제는 하루 일을 쉬고 아내와 아들을 데려왔다. 한국에서 사고로 오른손 세 손가락을 잃은 리노가 가져온 바나나와 파인애플은 내 마음을 찡하게 했다.

폴 형제는 출타 중이라 대신 고모가 나와 저녁 모임을 제안했다. 교사 출신인 그녀는 집에서 식사를 준비하며 우리를 환대했다. 개인주의 성향이 강한 필리핀인들 가운데 이렇게 대접을 좋아하는 사람도 있음을 새삼 느꼈다. 먼 길을 마다하지 않고 마중 나오는 모습에서 오히려 우리보다 더 깊고 순수한 우정을 느낄 수 있었다.

폴 고모의 넓은 집에서 저녁 식사 후 가족을 합쳐 16명이 모여 집회를 가졌다. 설교 중에 세실리아의 죽음을 언급하자 유가족이 숙연해졌고, 막내딸은 눈시울을 붉혔다. 우리는 믿음의 중요성을 되새기며 그 가정이 믿음 안에서 서기를 간절히 기도했다. 예배 후에는 귀국자 네트워크 이야기가 오갔고, 연례적으로 필리핀에서 암미 수련회를 열자는 제안이 나왔다. 이 귀국자들이야말로 현지 선교 활성화를 위한 하나님의 귀한 일꾼임을 깨달았다.

마닐라로 돌아오는 길에 들른 케손시티는 가난한 도시임을 한눈에 알 수 있었다. 그곳에서 암미의 찬양 리더 에드갈도의 가정을 어렵게 찾아냈다. 작은 집에서 젊은 아내가 두 자녀를 돌보며 고독해하는 모습이 안쓰러웠다. 아직 믿음이 없어 남편을 핍박하기도 했던 그녀에게 주님을 만나는 일이 시급해 보였다. 그래도 아이들은 엄마의 돌봄 덕분에 깔끔했다.

귀국 후에도 암미 형제들이 신앙생활을 잘 이어 가는 모습을 보는 것만큼 기쁜 일이 또 있을까. 팡가시난의 로저는 주변 사람들에게 한국에서의 간증을 나누고 있었다. 바디는 신학을 하지 않았지만 관련 서적을 많이 읽어 거의 목사처럼 복음 전파에 헌신하고 있었다. 조엘은 암미에서 보낸 설교와 뉴스레터를 정성스럽게 모아 둔 것을 보여 주며 흐뭇하게 했다. 그는 암미에서 배운 십일조 생활을 지금까지 이어 왔고, "비록 가난해도 주 안에서 부유하다"라며 미소 지었다.

2023년 12월, 필리핀 귀국자 수련회

12

설교 한 편 때문에

지난달 인도 선교 여행에서 늘 마음에 있던 다르마 형제를 오랜만에 만났다. 암미를 떠난 지 10년이 훨씬 넘었지만, 그는 꾸준히 연락을 해 온 유일한 귀국자였다. 전화할 때마다 "안녕하십니다"라고 인사하던 그가 이번 만남을 통해 비로소 "안녕하십니까?"로 바꾸었다. 한국에 있을 때는 하루가 멀다 하고 전화하기에, 한번은 다르마의 친구는 누구냐고 물었더니 "예수님과 나"라고 해 크게 웃었던 기억이 난다.

다르마는 암미 초창기, 인도인들이 주류를 이루던 시절 크리스마스 주일에 처음 교회에 나타났다. 양복을 입고 가장 뒷자리에 앉아 있다가 교회가 너무 좋다며 어린아이처럼 오른손으로 가슴을 두드리던 모습이 눈에 선하다.

이후 계속 출석하면서 성경을 읽고 묵상하던 그는 어느 주일 강단에 특별한 나무를 가져왔다. 작은 나무에 빨간 딸기를 매달고, 그 밑에 사랑, 희락, 온유 등 성령의 열매를 종이에 써 붙인 나무였다. 너무 특이해 모두의 시선을 끌기에 충분했다. 새벽부터 콩나물 공장에서 일하며 하루 3시간밖에 못 잔다고 했는데, 어떻게 그런 그가 창의적인 일을 생각해 냈는지 놀라웠다.

세례를 받던 날도 기억에 남는다. 아침 일찍 전화를 걸어와 참된 그리스도인이 되려면 피해야 할 음식이 있는지 물었다. 나는 음식은 하나님이 주신 것으로 다 깨끗하며, 우리를 더럽히는 것은 마음에서 나오는 악한 생각들이라는 말씀을 전했다. 그는 감탄하며 "역시 기독교는 진리"라고 고백했고, 그날 세례 감사의 뜻으로 콩나물 한 상자를 가져왔다.

1년쯤 지나 'Home, a more important thing^(더 중요한 가정)'이라는 설교를 통해 큰 도전을 받은 그는 귀국을 결심했다. 가정을 더 중요하게 여기며 '예수 믿는 집'을 만들기 위해서였다. 그러나 귀국 후 그 소망은 산산이 깨어졌다. 가족과 동네 사람들의 극렬한 핍박 때문이었다. 신변의 위협을 받아 경찰에 호소했지만, 오히려 해외로 나가라는 권유를 받았다.

그가 택한 제2의 나라는 프랑스였다. 그곳에서 9년을 머물며 엘리트 기자로 변신했지만, 오랜 해외 생활로 건강^(신장)이 나빠져 큰 고통을 겪었다. 일을 못해 가족에게 돈을 보내지 못하자 아내와의 관계도 악화되었다. 결국 프랑스 병원에서 받은 많은 약을 들고 귀국했으나 아내는 병든 남편, 종교를 바꾼 남편을 받아들이지 않았다. 그는 친척 집에 머물며 싱글로 살아야 했다.

이번 방문에서 그는 자기 집 옆에 아주 작은 사무실 겸 숙소를 만들어 기거하고 있었다. 주방, 침대, 화장실이 함께 있는 작은 공간이었다. 마치 집 옆에 붙어 가족 사랑을 표현하는 모습이었다. 우리가 반갑게 인사하자 집 안에 있던 아내가 나왔다. 다르마가 얼마나 좋은 사람인지 이야기하기 시작했다. 동행한 두 선교사도 합세했다. 옆에서 묵묵히 아내가 마음을 열기만을 기다리는 다르마는 순애보의 주인공처럼 보였다.

매일 힌두 사원에 나간다는 아내는 처음엔 일그러진 표정을 짓다가 우리의 이야기를 듣고는 살짝 미소를 띠며 딸을 시켜 물을 가져오게 했다. 장성한 딸이 웃으며 나타나는 순간, 한 선교사가 다르마 부부와 딸, 그리고 나를 배경으로 사진을 찍었다. 참으로 오랜만에 다르마 가족이 함께하는 순간이었다.

가정 설교 한 편에 감동받아 '예수 믿는 가정'을 만들겠다고 결심했지만, 귀국 후 참으로 힘든 세월을 보낸 다르마. 어느덧 64세가 되어 머리가 희어졌지만, 그의 꿈은 아직 이루어지지 않았다. 고향 인도에서도 고독하게 살아가는 그이지만, 머지않아 주님께서 역사하셔서 그 꿈이 이루어지는 날이 올 것이다. 언젠가 환히 웃게 될 다르마의 얼굴을 그려 본다. 다르마!

13

많은 일을 하시는 하나님

남미 페루까지의 여정은 참으로 먼 길이었다. 페루에서도 수차례 국내선 비행기와 승합차를 타야 했다. 하지만 그동안 미루어 온 귀국자 방문이 현실화된 것이 더욱 뿌듯하고 감사했다. 페루는 지구 반대편에 있어 낮과 밤이 바뀌는 것은 물론, 계절마저 우리와 정반대로 봄에서 여름으로 향하고 있었다.

이른 새벽 리마공항에 도착했을 때, 파블로 전도사와 윌리 형제가 환영을 나왔다. 다음 날 오전에는 리마 근처 교회에서 지금은 목사가 된 디아나 부부를 만났고, 오후에는 파블로 전도사가 개척한 암미교회에서 우고 전도사 부부, 다니, 헨리, 까디, 주디스 부부 등을 만날 수 있었다. 한국에서 오래 체류했던 다니와 헨리 형제들은 눈물을 글썽이며 멀리서 온 나를 반겼고, 우리는 암미식의 뜨거운 기도회를 가졌다.

그다음 날에는 리마에서 3시간 거리의 바란까를 찾았다. 암미에서 리더였던 마리아넬라는 내가 온다는 소식을 교회 목사님게 알렸고, 목사님은 광고를 통해 성도들까지 나오게 했다. 마리아넬라와 남편 훌리오, 마리오, 로베르또, 루세로, 글라디스, 룰데스 등이 가족과 친척을 데리고 나와 교회 성도들과 합쳐 약 30여 명이 모였다.

나를 보자마자 목사님은 마이크를 전하며 설교를 부탁했고, 동행한 사무엘 선교사의 유창한 스페인어 통역으로 급히 설교를 하게 되었다. 잊을 수 없는 경험이었다. 설교 후 목사님은 "사도 바울처럼 지체들의 믿음을 다시 세워 주기 위해 멀리 페루까지 왔다"라며 감사했고, 모두 함께 사진을 찍었다. 페루 현지 교회의 은혜로운 모습에 감동하지 않을 수 없었다.

마리아넬라의 언니가 운영하는 식당에서 참석자 모두가 점심을 대접받았다. 이어서 꼭 와야 할 두 자매가 오지 못했다며 그들의 집으로 심방을 갔다. 귀국 후 가톨릭교회에 열심히 나간다는 안토니아 자매는 행복한 가정생활을 하고 있었지만 말씀의 기초가 없는 자기중심적 신앙이었고, 한국에서 열심히 신앙생활을 하던 아라셀리는 동거 생활을 오래 하면서 믿음을 저버린 상태였다. 그녀는 "귀국 후 말씀을 붙잡지 못했다"라고 고백했다. 그들을 다시 만나 믿음을 세워 준 일은 절실했다.

무엇보다 마리아넬라의 변함없는 믿음이 기특했다. 남미에서는 동거 문화가 보편적이지만, 그녀는 암미에 있을 때 교회의 충고를 받아들여 동거를 중단하고 귀국 후 결혼한 유일한 자매였다.

열흘의 일정이었지만 실제로 움직일 수 있는 날은 일주일 남짓이었다. 많은 멤버와 연결되지 못해 아쉬웠지만, 이주민 선교를 통해 먼 페루까지 선교의 손길을 펼칠 수 있었다는 사실이 놀라웠다. 특히 암미가 파송한 사역자들이 그곳에서 열심히 사역하는 모습을 보며 흐뭇했다. 사무엘 선교사는 이번 여행을 통해 잘 준비된 선교사임을 여실히 보여 주었다.

페루의 진풍경은 다양성이었다. 마추픽추와 그 주변의 비옥한 땅, 곳곳의 사막 지대가 공존하며 부와 빈곤이 함께 섞여 있었다. 수도 리마에 인구 3분의 1이 집중되어 있었고, 수도권 주변에는 판자촌이 계속 늘어나 가난 문제가 심각했다. 이런 점에서 파블로 전도사의 빈민촌 사역이 얼마나 중요한지 새삼 깨달았다.

페루 제2의 도시 쿠스코에는 문화 유적이 많았다. 스페인 점령 이전 잉카 문명의 흔적이 곳곳에 남아 있었고, 대통령궁 앞 광장에는 가톨릭 대성당이 있었다. 그 자리는 원래 잉카 제국의 태양 신전이었으나 스페인이 강제로 점령해 성당을 세운 것이다. 가톨릭이 여전히 많은 우상을 만들어 내는 가운데, 개신교가 들어와 이미 인구의 12%에 달한다는 놀라운 소식도 들었다.

왕복 40시간이 넘는 긴 비행은 힘들었지만, 동시에 우주를 창조하시고 다스리시는 하나님의 권능과 섭리의 신비를 깨닫는 시간이기도 했다. 사실 그 긴 비행 거리도 전 우주에 비하면 지극히 작은 부분일 뿐이다.

14

국가를 위한 기도회

국가 안보 문제가 요즘처럼 심각한 때도 없었던 것 같다. 핵 미사일에 집착하는 김정은 한 사람으로 인해 한국은 물론 전 세계가 걱정하며 촉각을 곤두세우고 있다. 국내에 체류 중인 외국인들도 이 점을 충분히 감지하고 있는 듯하다.

지난 9월 17일 주일예배 후 '국가를 위한 기도회'를 열었다. 암미에 속한 여러 나라를 위해 합심으로 기도한 뒤 마지막으로 한국을 위해 기도하는 시간을 가졌다. 참여한 모두가 목소리를 높여 이 나라의 평화를 간절히 구했다.

그들의 기도 소리를 들으며 믿음이 성장한 멤버들이 많아졌음을 느껴 흐뭇했다. 사실 처음부터 특별한 기도회를 계획했던 것은 아니었다. 다만 지난주 설교가 그리스도인의 국가관에 관한 것이었고, 우리나라의 어려운 현실을 생각하다 보니 각 나라의 기도 제목을 함께 나누는 것이 좋겠다고 여겨 소그룹 모임 대신 국가를 위한 기도회를 갖게 된 것이다.

예상보다 훨씬 진지한 분위기 속에서 기도회는 1시간이나 이어졌다. 점심 식사 시간이 지연될 정도였다. 필리핀 그룹이 선발 주자로 나와 부패, 약물 중독, 범죄, 가난한 사람들을 위해 무릎 꿇고 눈물로 기도했는데 그 뜨거운 기도가 도무지 그칠 줄 몰랐다. 이어서 페루, 온두라스, 캄보디아, 네팔, A국, 인도네시아, 그리고 한국 순으로 기도가 이어졌다. 각 나라의 국기를 들고 앞에 나와 기도했고, 스크린으로 볼 수 있게 각국의 종교 분포와 기도 제목을 띄웠다.

각 나라의 종교적 배경은 가톨릭, 불교, 힌두교, 이슬람, 공산권 등으로 다양했는데 한국만 개신교가 첫 번째로 나오는 것이 새삼 감동으로 다가왔다. 기도 제목도 대부분 부패와 가난이었지만, 한국은 국가 안보와 인구 감소 문제가 주요한 기도 제목이었다. 정말이지 문제없는 나라는 없었다. 한국은 정치와 경제가 꾸준히 발전해 왔지만, 국가 안보가 이렇게 심각한 문제가 될 줄 누가 알았으랴.

국기를 들고 기도하면서 처음으로 마음이 뭉클했다는 이야기가 나왔다. 다문화 가정이 주축인 A국 그룹은 "우리에게 나라가 있다는 것이 감사하다"라고 고백했다. 혼자 인도네시아 국기를 들고나온 형제의 마음은 또 얼마나 벅찼을까. 인도네시아의 기도 제목은 부패와 가난뿐 아니라 영적 전투였다. 이슬람 국가 가운데서도 인도네시아는 교회가 성장하는 중이기에 그만큼 영적 도전이 심한 편이었다.

대부분 가난 때문에 한국에 돈을 벌러 온 이들이라 당장 눈앞에 보이는 한국이 좋아 불법으로 남는 경우도 있지만, 이번 기도회를 통해 국가를 위한 기도의 중요성을 배우고 자신의 나라를 소중히 여기는 좋은 기회가 되었다. 기도회가 끝나자 모두 성령의 임재를 느꼈다고 고백하며 이런 국가 기도회를 적어도 1년에 두 차례는 가져야 한다는 의견이 나왔다. 하나님께서 국가를 위한 우리의 기도에 목말라하셨던 것이다.

하나님이 우리에게 정부를 주신 이유는 인간 사회에서 악을 제어하기 위함이다. 그러므로 우리는 정부의 권위를 인정하고 복종해야 한다(롬 13:1~4). 또한 성경은 왕을 비롯해 모든 권세 아래 있는 자들을 위해 기도하라고 말씀한다(딤전 2:1~2). 더구나 "공의는 나라를 영화롭게 하고 죄는 백성을 욕되게 하느니라"(잠 14:34)고 했으니, 그리스도인들은 적극적으로 의롭게 살아 나라를 복되게 해야 할 사명을 잊지 말아야 한다. 결국 그리스도인들이 좋은 시민이 되고 나라를 위해 열심히 기도함으로써 나라 사랑에 앞장서야 하는 것이다.

15

예수님은 누구신가요?

지난 주일, 부활절 세례식을 위한 세례 문답 준비 시간이 있었다. 필리핀의 두 형제가 세례 대상자였으나 사정으로 참여하지 못하게 되어 아쉬워하던 중 N이라는 이름의 A국 형제가 세례를 받고 싶다며 나타났다. 그는 오래전부터 통역이 없을 때에도 늘 혼자 교회에서 예배를 드리곤 했는데, 설교 내용을 이해하지 못해도 마음이 뜨거워진다고 고백하곤 했다. 가끔 많은 액수의 감사 헌금을 드리기도 했다.

첫 질문은 "예수님은 누구신가요?"였다. 그는 곧바로 "하나님의 아들"이라고 답했다. 그러나 예수님을 항상 자신을 도와주시는 분이라고만 표현할 뿐 '구주'라고 확실히 고백하지는 않았다. 여러 차례 유도 질문을 해도 여전했기에 아직 믿음이 준비되지 않은 것 같아 세례를 주기 어렵다는 결론을 내리려는 순간 N 형제가 간증을 시작했다.

그는 예수를 믿지 않으면 지옥에 간다는 사실을 알면서도, 사회주의 국가인 A국에서는 신앙생활이 너무 어려워 여러 차례 고민했다고 했다. 그러나 암미에 나온 지 어느덧 5년이 되었고, 귀국 후에도 조금 떨어진 곳에 교회가 있으니 이제 세례를 받기로 결심했다는 것이다.

그렇다면 왜 예수님을 구주라고 고백하지 못했을까? 알고 보니 A국 사람들은 북한처럼 정치 지도자인 B를 정신적 지주로 여기며 '구주'라는 개념 자체가 없었다. 아예 '구원자'라는 말이 존재하지 않아 N 형제도 그 의미를 이해하지 못했던 것이다. 언어와 문화적 차이가 이렇게 크다는 사실에 놀라웠고, 하마터면 그의 준비된 믿음을 무시할 뻔했다.

외국인 선교, 특히 암미처럼 다국적 상황에서는 단순한 소통 문제를 넘어 서로 다른 문화를 이해하는 것이 중요하다. 그들을 공장 노동자로만 보고 한국말과 문화로만 접근한다면 문제가 발생한다. 선교는 한국어를 가르치고 어려운 일을 도와주는 것 이전에, 그들의 인격을 존중하고 그들의 언어와 문화를 이해하는 데서 시작되어야 한다.

외국인을 단순히 도움이 필요한 사람으로만 여기고 우월 의식을 가지고 대한다면 결코 그들의 마음을 얻을 수 없다. 다문화 가정의 많은 문제도 한국인 남편과 가족이 우월 의식을 가지고 이주 여성을 대하는 데서 비롯된다. 이주 여성을 돈을 주고 데려왔으니 마음대로 주장해도 된다는 식의 태도는 삐뚤어진 우월 의식이다. 한국에 시집온 여성들이 돈을 벌어 친정에 보내는 것도 우리로서는 이해하기 어려울 수 있지만, 어떤 면에서는 그것을 위해 한국에 온 것이므로 감싸안아야 할 문제다.

예수님은 사마리아 수가 성에서 부도덕한 삶을 살던 여인을 인격적으로 만나 주셨다. 남의 눈을 피해 대낮에 물을 길러 나온 그녀에게 예수님은 물을 달라고 하셨다. 당시 유대인과 사마리아인은 서로 상종하지 않았기에 여인은 이상히 여겼다.

그러나 예수님은 "네가 만일 하나님의 선물과 또 네게 물 좀 달라 하는 이가 누구인 줄 알았더라면 네가 그에게 구하였을 것이요 그가 생수를 네게 주었으리라"(요 4:10)라고 말씀하시며 자신을 영원히 목마르지 않는 생수에 비유하셨다. 경건하지 않은 여인이라 할지라도 예수님은 인격적인 대화를 통해 구원의 길로 초청하신 것이다.

'구원자'라는 말을 몰라 집중적으로 질문을 받아야 했던 N 형제를 보며 오히려 나 자신을 돌아보게 되었다. 무조건 복음을 전하기보다 먼저 그들의 삶의 정황을 이해하고 인격적으로 다가가는 자세, 그리고 인내로써 소통을 원만히 하는 자세가 얼마나 중요한지 깨달았다. 지금도 이 땅에는 언어와 문화의 차이로 어려움을 겪는 외국인들이 얼마나 많은지 생각하게 된다.

16

고백과 경건의 길

브라질 리우 올림픽 축구 4강 진출전에서 우리나라가 온두라스에 0대 1로 패했다. 암미에 나오고 있는 온두라스 멤버들이 기뻐하는 모습을 보며 함께 축하해 주었지만, 한국인으로서 내심 패배의 아쉬움이 컸다.

올림픽의 열기 속에, 나는 남미에서 온 한 온두라스 자매로 인해 깊은 고민에 빠졌다. 그녀는 한국인과 이혼 후 홀로 세 아이를 기우는 다문화 가정 여성이다. 성격이 활달하고 남을 돕는 일에 적극적이라 내년쯤 집사로 세울 생각을 하고 있었다.

그런데 그녀가 충격적인 고백을 했다. 고국에서 잠시 온 사돈 지간(사촌의 사돈)인 다섯 살 연하 남성의 아이를 가졌다는 것이다. 남자는 불법체류 신분이라 혼인신고가 어려웠고, 큰딸의 반대도 심한 상황이었다.

"매주 예배를 드리면서도 죄의식이 없었나요?"

내가 묻자 임신 사실을 알게 된 후에야 깨달았다고 했다. 낙

태는 더 큰 죄라 생각해 아이를 낳겠지만, 죄책감으로 인해 성경 봉독이나 기도 인도는 스스로 자제하겠다고 했다. 배가 불러 오면 교회 내 가십거리가 될 것이 뻔해 막막하고, "믿음 좋다는 사람이 저러나?" 하는 수군거림이 벌써 들리는 것 같다고 했다.

한편으론 개방적인 성 문화에서 자란 그녀가 한국에서 10년 살며 믿음 때문에 죄책감을 느끼게 된 것만으로도 다행이라는 생각이 들었다. 사실 성적 타락은 우리 사회도 예외가 아니다. 미디어를 통해 접하는 각종 성범죄, 심지어 목회자의 성 윤리 문제와 성도들의 불감증은 이미 심각한 수준이다.

성경을 보면 성적 타락은 인류 역사의 뿌리 깊은 문제이다. 믿음의 조상 아브라함은 하갈을 통해 이스마엘을 낳아 오늘날까지 이어지는 갈등의 씨앗을 뿌렸다. 야곱의 아들 유다는 며느리와 동침했다. 다윗 역시 여러 아내를 두었고 그로 인해 끔찍한 가정사를 겪어야 했다. 신약 성경은 성적 범죄가 얼마나 심각한 일인지 누누이 강조한다. 음란과 간음은 하나님 나라를 유업으로 받지 못하게 하는 죄이며, 교회 안에 있어서는 안 된다고 못 박고 있다(갈 5:19~21, 살전 4:3~6).

문제는 우리가 믿음 안에 있어도 여전히 연약한 죄인이라는 점이다. 이 자매의 경우가 이를 잘 보여 준다. 그러니 경건 생활이야말로 말세에 주의 백성들이 힘써야 할 가장 중요한 것이 아닐까. 베드로 사도 역시 권면했다. "거룩한 행실과 경건함으로

하나님의 날이 임하기를 바라보고 간절히 사모하라"(벧후 3:11~12)

암미 가족들이 진리 안에서 자유를 누리는 참된 그리스도인의 모습이 되기를 간절히 기도한다. 마음속의 작은 돌들을 내려놓고, 주님의 사랑으로 이 자매를 다시 품어야 한다. 비록 늦었지만, 이제부터라도 경건의 삶을 힘쓰는 것이 우리가 살길이다.

2017년 국가별 기도회

17

그리스도인의 재물관

지난 3월 3일 주일, 일일 수련회를 가졌다. 암미 멤버들은 대부분 이주 노동자들이라 주중에는 시간을 내기 어려운 형편이다. 그래서 몇 년 전 사순절 이맘때 처음 시도한 일일 수련회가 어느덧 다섯 번째를 맞았다. 이번 수련회의 표어는 이주 노동자들에게 특히 실제적인 주제인 '그리스도인의 재물관'이었다.

관심이 많을 것이라 예상했지만 그렇진 않았다. 오전 예배에는 80여 명이 모였으나 오후에는 27명만 남았다. 그러나 그 27명 가운데는 토요일 밤 야근을 하고도 끝까지 참석한 필리핀 형제, 오랜만에 나온 또 다른 필리핀 형제, 신앙생활을 쉬었다가 암미에 처음 나온 한국인 새 신자, 그리고 평소 예배에 가끔 얼굴을 보이던 A국 다문화 가정 자매가 있었다. 이렇듯 하나님은 한 영혼을 귀히 여기시는 분임을 다시금 실감할 수 있었다.

일일 수련회는 오전 예배와 마지막 결단 예배, 두 번의 설교가 있고 그사이에 서너 차례 소그룹 말씀 나눔이 이어졌다. 주일

하루 동안 그리스도인의 삶을 배우는 것이 목적이었다. '그리스도인의 재물관'은 말 그대로 물질 문제를 다루는 시간이었는데, 무엇보다 사역자들에게 큰 도전이 되었다. 헌신한 줄 알았던 물질 생활을 말씀에 비추어 보니 회개할 제목들이 드러났고, 나 역시 구제에 약한 모습을 발견했다.

나이가 많은 한 필리핀 형제가 다가와 필리핀 그룹 리더(목사)가 큰 도전을 받고 자신들에게 많은 이야기를 했다고 귀띔해 주었다. 필리핀 그룹의 핵심 멤버들 역시 모두 진지한 표정이었다. 마지막 결단 예배에서 우리는 돈이 아니라 하나님을 주인으로 삼으며, 우리의 모든 소유가 그분의 것임을 고백하고 하나님께 소유권을 이전한다는 간단한 서약을 했다. 말씀의 은혜에 깊이 빠지며 헌신한 귀한 수련회였다.

암미는 늘 전도로 잃은 자를 찾는 사역을 해 왔는데, 어느새 선교 교회의 모습을 갖추어 가고 있음이 감사했다. 수련회가 끝난 뒤 3명의 외국인 지체들이 앞에 나와 십일조를 기쁘게 드리기로 했다는 간증을 했고, 몇몇은 내게 찾아와 감사 인사를 전했다. 그중 한 사람은 "어디서 이런 귀한 수련회를 가질 수 있겠냐"며 암미에 속해 있다는 사실이 복되다고 고백했다.

예수님은 물질 문제에 대해 얼마나 자주 말씀하셨는가. 우리의 연약함을 아시고 성경을 통해 자세히 가르쳐 주셨지만, 우리는 여전히 이생의 염려와 세속적 욕망에 휘둘리기 쉽다. 하나님을 주인으로 삼아 물질을 바르게 관리하기보다 세상 사람들과 다를 바 없는 모습으로 살아가는 것은 아닌지 돌아보게 된다.

이번 일일 수련회는 특히 사역자들과 중요 멤버들을 위한 자리였다. 많은 이들이 오후에 돌아간 이유도 이제 감이 잡힌다. 그리스도인의 재물관이라는 주제 자체가 부담이 되었던 것이다. 실제로 "돈 때문에 꼼짝 못 하고 있는데 왜 하필 이 주제를 지금 해야 하느냐" "내가 가난한데 무슨 가난한 사람들을 돕느냐"라는 말들이 들려왔다.

돈 문제는 그리스도인으로서 믿음에서 멀어지지 않기 위해 가장 조심해야 할 중대한 문제임을 새삼 깨닫게 된다. 일순간에 모든 재산을 잃고도 믿음을 고백한 욥이 생각난다.

"주신 이도 여호와시요 거두신 이도 여호와시오니 여호와의 이름이 찬송을 받으실지니이다"(욥 1:21)

누가 이런 고백을 할 수 있을까. 그 믿음이 우리 모두에게 도전이 된다.

18

뜻밖의 선물로 가득한 나들이

암미에서 가까운 산림교육원은 봄이 되면 늘 우리 외국인 지체들을 초청해 숲 체험을 하도록 도와준다. 벌써 7년째 이어지는 인연이다. 갈 때마다 느끼는 것이지만, 암미가 산림교육원과 가장 가까운 곳에 위치해 있어 이런 특별한 혜택을 누린다는 사실이 참으로 감사하다. 그곳에는 지붕이 있는 야외 강의실이 있어 어쩌다 비가 내려도 걱정이 없고, 무엇보다 주변의 자연환경이 주는 평안함이 일품이다.

예배 후에는 숲에서 체조를 하고 한적한 산길을 산책한다. 사람의 발길이 드문 곳이라 새소리와 시냇물 소리까지 온전히 즐길 수 있어, 공장 일에 지친 외국인 지체들이 아주 좋아한다. 그런 평온한 분위기 속에서 성도 간의 교제도 자연스럽게 깊어지니 그야말로 일석이조다.

가을이 깊어 가는 11월 첫째 주일, 단풍이 절정에 다다른 무렵 산림교육원에서 다시 우리를 초청했다. 가을 초청은 이번이

처음이다. 가을 정취가 무르익은 뒷산 야외 강의실에서 드린 야외 예배는 무척 차분하고 평화로웠다. 그 분위기에 압도되었는지 평소 활달하던 아이들마저 조용히 자리를 지켰다.

이번에는 한국어 교실 학생들도 여러 명 참석해 총 101명의 다국적 가족들이 강의실을 꽉 채웠다. 찬양과 기도, 성경 봉독에 이어 설교 시간이 되었다. 한국어 교실 학생들을 배려해 15분 정도 짧게 복음을 전했는데, 주제는 요한복음 3장 16절의 '하나님 사랑'이었다. 평소 교회를 경계하던 방글라데시 형제들까지 설교에 집중하는 모습은 깊은 감동으로 다가왔다.

예배 후 찾은 식당은 사면이 아름다운 나무들로 둘러싸여 늦가을의 정취를 뿜어내고 있었다. 모두가 창밖 풍경에 감탄하며 즐겁게 식사를 마쳤다. 이어진 오후 1시의 재즈 음악회는 예상보다 반응이 뜨거웠다. 젊은이들이라 그런지 한국어 교실 학생들조차 음악회에 빠져 공부 시간을 30분이나 미룰 정도였다. 음악은 국경과 언어의 경계를 초월해 모두의 마음을 설레게 했다. 산림교육원이 우리 외국인 친구들을 위해 마련해 준 아주 특별한 선물이었다.

음악회가 끝나자 청주에서 온 산림연구원 강사가 체조를 인도해 주었다. 체조 내내 웃음소리가 끊이지 않을 만큼 유쾌한 시간이었다. 이어지는 산책 길, 며칠간 기승을 부리던 추위도 풀려 걷기에 더없이 좋았다. 강사는 길을 걷다 잠시 쉬며 단풍나무에 대한 해설과 광릉숲에 얽힌 역사 이야기를 들려주었다.

그의 설명을 들으니 광릉숲이 이토록 잘 보존된 이유를 알 수 있었다. 광릉에 묻힌 세조는 권력을 위해 가족을 죽이고 정적의 무덤을 파헤치는 잔혹한 일을 벌이기도 했다. 그러나 두려움이 많았던 그는 사후에 자신의 무덤이 훼손될 것을 우려해 사람들의 출입을 엄격히 금지했다. 역설적이게도 한 왕의 두려움이 숲을 온전히 지켜 낸 셈이니, 세조가 후손들을 위해 남긴 뜻밖의 유산이라 할 수 있겠다.

돌아오는 길에 강사는 단풍잎 두세 개를 수집해 오라고 청했다. 다들 작은 수건 아래 단풍잎을 놓고 망치로 두드려 고운 단풍 자국을 냈고, 그 위에 기념 문구를 써넣어 세상에 하나뿐인 손수건을 만들었다. 완성된 손수건을 들고 활짝 웃으며 단체 사진을 찍는 모습이 무척 인상적이었다. 다채로운 체험으로 가득했던 이번 야외 예배는 한 편의 멋진 가을 소풍으로 기억될 것이다. 대자연의 평화 속에서 우리 모두는 깊은 치유를 경험했다. 전날 날씨가 흐려 간절히 기도했는데, 위로부터 온 선물인 청명한 날씨와 뜻밖의 즐거움이 가득했던 가을 나들이. 지난 추석 수련회 때처럼 우리는 다시 한번 하나님의 선하심을 맛보았다.

"너희는 여호와의 선하심을 맛보아 알지어다 그에게 피하는 자는 복이 있도다"(시 34:8)

19

감동의 추수감사 축제

　　교회 절기 때마다 다국적 공동체 암미는 자연스럽게 축제의 장으로 변한다. 그중에서도 지난 17일 추수감사절은 유독 잊지 못할 감동으로 남을 것 같다. 특별한 광고나 대대적인 전도 활동이 없었음에도, 어떻게 소문을 들었는지 120석의 예배당이 빈자리 없이 가득 찼다. 몽골 형제들이 여럿 새로 왔고, 한동안 보이지 않던 이들도 반가운 얼굴을 내비쳤다. 지역 교회로 치면 별다른 수고 없이도 풍성한 열매를 맺은 '총동원 주일' 같았다.

　　수년 전부터 추수감사 축제에 대한 반응이 좋았다. 우리는 이를 전도의 기회로 삼기 위해 본래 추수감사절 행사였던 성례식을 한 주 전에 미리 진행하고 있다. 이번 축제는 외부 팀의 도움 없이 순수하게 암미 내부의 일곱 개 팀이 준비했는데, 1시간이 꼬박 소요될 만큼 풍성한 무대가 이어졌다. 2부 축제에 앞서 드린 예배에서는 외국인 교회임에도 불구하고 정성 어린 감사 헌금이 넘쳐 났다. 어느덧 암미가 스스로 서고 나누는 선교 교회로 든든히 세워졌음을 실감하는 순간이었다.

축제의 서막은 다문화 가정 주일학교 어린이들이 열었다. 엄마들과 나란히 서서 담당 전도사님과 함께 감사 찬양을 부르는 아이들의 모습은 이전에 보지 못한 이채롭고도 따뜻한 풍경이었다. 제법 긴 찬양을 틀리지 않고 소화해 내는 기특한 모습 뒤로, 다섯 살 꼬마 어린이가 갑자기 마이크를 잡고 신이 나 소리를 지르는 돌발 상황이 벌어졌다. 덕분에 장내는 순식간에 웃음바다가 되었다.

이어지는 무대는 다문화 사역을 꿈꾸는 한 여전도사님의 워십 댄스였다. 고전적인 CCM 〈사명〉에 맞추어 우아한 드레스를 입고 선보인 율동은 한국적인 아름다움을 전해 주었다. 캄보디아 그룹은 씩씩한 목소리로 하나님께 감사를 고백했고, 네팔 그룹은 다소 느리지만 진심 어린 곡조로 기쁨을 노래했다. 평소 예배에 뜸했던 멤버들까지 대거 무대에 선 모습은 보는 것만으로도 큰 위로가 되었다.

가장 독특하고 인상적이었던 무대는 단연 A국 그룹이었다. 음의 높낮이나 리듬에 구애받지 않는 무반주 찬양이었는데, 마이크를 잡은 한 형제는 마치 팝 가수가 된 듯 마이크를 치켜들고 눈을 지그시 감은 채 노래에 몰입했다. 자세히 들어 보니 CCM 〈너희는 먼저 그의 나라와 그의 의를 구하라〉를 아주 느리게, 자신들만의 가락으로 부른 것이었다. 비록 정교한 박자는 없었지만, 다양성을 존중하는 암미답게 어느 팀보다 뜨거운 박수갈채를 받았다.

이와 대조적으로 한국어 교실 학생들의 무대는 탄탄한 준비성이 돋보였다. 그들은 한국어로 된 긴 찬양을 훌륭하게 소화했다. "찬양하라 찬양하라 구름도 꽃들도 넓은 바다도~"라는 가사처럼, 한국어를 배우러 온 외국인들이 주님을 높이는 모습은 그 자체로 깊은 의미를 지닌 풍경이었다.

흥이 넘치기로 유명한 페루 팀은 자매 넷이 무대에 올랐다. 그중 노란 티셔츠를 맞춰 입은 두 자매가 찬양이 끝나자마자 화려한 춤사위를 선보였다. 출산 후 체구가 다소 불어난 모습이었지만, 몸에 밴 춤 솜씨만큼은 좌중을 압도했다. 화려한 의상은 아닐지라도 어디선가 구해 온 노란 티셔츠를 맞춰 입고 열정적으로 춤추는 그들의 모습이 더없이 사랑스러웠다.

이번 축제의 하이라이트는 필리핀 팀이 장식했다. 최근 지역 연합회 찬양제에서 선보였던 워십 댄스를 한층 더 능숙하게 재현해 냈다. 이들은 댄스뿐만 아니라 불신자 초청을 위한 스킷 드라마, 그리고 예수님의 '지상 명령'을 상징하는 각국 국기 퍼포먼스로 마지막 무대를 화려하게 수놓았다.

그들의 활기찬 퍼포먼스에 모두가 넋을 잃고 빠져들었다. 서구적인 스타일의 워십 댄스를 보며 이토록 큰 전율을 느낀 적이 있었던가. 다음 달이면 암미가 창립 24주년을 맞이한다. 지난 세월을 돌아보며, 우리 외국인 멤버들을 통해 이토록 벅찬 감동을 누리는 날이 올 줄은 미처 몰랐다.

다문화 가정과 이주 노동자라는 이름의 청년들이 온몸과 마음으로 주님을 높여 드린 올해의 추수감사절. 그들이 만들어 낸 '경계 없는 찬양'은 우리 모두의 가슴속에 끝없는 감동의 물결로 일렁이고 있다.

2019년 추수감사절 페루, 온두라스 그룹

20

암담한 시대의 유일한 소망

지난 2월 17일 수요일, 코로나19와 관련해 가슴 서늘한 뉴스가 전해졌다. 암미에서 차로 불과 20분 거리인 남양주 진건(사능) 산업 단지 내 플라스틱 제조 공장에서 외국인 근로자 104명이 집단 확진 판정을 받은 것이다. 구정 연휴 기간 방역의 끈이 느슨해진 탓이었을까. 첫 확진자가 나온 지 열흘 만에 관련 누적 확진자 수는 123명으로 늘어났다.

전국적으로도 유례없는 외국인 근로자 집단 감염 사례인 데다, 우리 지척에서 발생한 무더기 확진 소식은 큰 충격이었다. 당장 돌아올 주일예배가 걱정이었다. 우리 지체 중 단 한 사람이라도 진건의 확진자와 접촉했다면, 공동체 전체가 보균자가 되어 위험에 노출될 수 있기 때문이다.

온종일 고심 끝에 저녁 무렵 결단을 내렸다. 평소 출석하는 필리핀 형제들에게 일일이 연락해 연휴 기간 동선을 확인했고, 외부 접촉이 없었던 이들에 한해서만 예배 참석을 허락하기로 했다. 코로나 사태 이후 단 한 번도 교회 문을 닫은 적이 없었기에, 한국인 사역자들끼리만 예배를 드릴 수는 없었다. 그렇게 된다면 온라인(페이스북)으로 예배에 참여하는 외국인 형제들도 마음의 거리가 멀어질 것이 뻔했기 때문이다.

감사하게도 주일예배는 평소와 다름없이 평온하고 뜨겁게 드려졌다. 반주자가 오지 못했지만 네팔 선교사님이 기꺼이 키보드를 맡아 주셨고, 밤샘 근무를 마친 필리핀 형제는 피곤을 무릅쓰고 드럼 스틱을 잡았다. 찬양 인도를 맡은 필리핀 목사님의 열정은 여느 때보다 뜨거웠다. 특히 암미가 충격에 빠져 있을 것을 염려해 인근 교회의 장로님이 방문해 주셨는데, 그 따뜻한 격려가 큰 힘이 되었다.

여전히 위세를 떨치는 코로나는 우리에게 무엇을 말해 주고 있는 걸까? 세상의 모든 것은 일시적이며 인간은 결국 죽음 앞에 선 유한한 존재임을 실감하게 한다. 그렇기에 우리의 소망을 이 세상의 안위나 건강에만 둘 것이 아니라, 영원하신 주님께 두어야 함을 깨닫는다. 공교롭게도 진건의 확진 뉴스에 가슴을 쓸어내렸던 그날은 사순절이 시작되는 '재의 수요일'이었다. 죄와 죽음으로 슬퍼하는 인생들에게 가장 절실한 주님의 십자가 사역을 깊이 묵상하는 날 말이다.

죽음을 두려워하지 않을 사람이 있을까. 믿음이 있다 해도 죽음을 완벽히 준비했다고 말할 수 있는 이는 드물 것이다. 얼마

전 발을 삐긋해 요양 병원에 입원하신 80대의 어느 목사님 사모님과 통화하며 귀한 이야기를 들었다. 사모님은 "아직 죽음을 준비하지 못해서 하나님이 이번에 살려 주신 것 같다"며 웃었다. 미끄러지는 순간 골반을 다칠 뻔했으나 한쪽 발만 다치게 하신 하나님의 배려라는 고백이었다.

사실 죽음은 인성을 입으신 예수님께도 참으로 힘겨운 일이었다. 십자가를 지시기 전 겟세마네 동산에서 "내 마음이 매우 고민하여 죽게 되었으니 너희는 여기 머물러 나와 함께 깨어 있으라"(마 26:38)라고 하신 주님의 말씀이 이를 대변한다. 주님은 땅에 엎드려 될 수만 있다면 그 잔이 지나가기를 구하셨다. "아빠 아버지여 아버지께는 모든 것이 가능하오니 이 잔을 내게서 옮기시옵소서 그러나 나의 원대로 마시옵고 아버지의 원대로 하옵소서"(막 14:36)라고 절규하셨다.

히브리서 기자는 예수님이 육체에 계실 때 자기를 죽음에서 구원하실 이에게 심한 통곡과 눈물로 간구와 소원을 올리셨다고 기록한다(히 5:7). 우리 죄를 대신해 십자가를 지시기 전, 이토록 처절한 기도가 있었던 것이다. 이번 사순절은 주님의 그 눈물과 고통을 더 생생하게 묵상하는 기회가 되길 소망한다. 코로나로 인해 위축된 전도의 분위기를 깨뜨리고 싶다. 이 암담한 시대에 유일한 소망은 오직 예수 그리스도뿐이기 때문이다.

다시 흐르는 생명의 축제

암미는 매년 5월 마지막 주일이면 '생명의 축제(The Festival of Life)'를 연다. 평소에도 모든 행사를 전도의 기회로 삼지만, 이날만큼은 전 성도가 실제 전도에 동참하도록 독려하기에 명실상부한 공동체 전도 주일이 된다. 복음 초청 설교를 위해 외부 강사를 모시고 찬양과 성극 등 특별한 순서를 준비하여, 교회에 처음 발을 들인 이들이나 아직 믿음이 없는 지체들에게 구원의 기회를 제공한다.

안타깝게도 지난 2년 동안은 코로나 사태로 인해 이 축제를 열지 못했다. 그래서인지 이번 2022 생명의 축제는 그 어느 때보다 남다른 의미로 다가왔다. 이번 축제의 문은 태권도 공인 7단인 어느 목사님이 인도하는 건강 교실이 열었다. 둘둘 만 신문지를 발차기로 격파하는 위력을 선보여 환호성을 자아낸 뒤, 손뼉치기 등 일상에서 실천할 수 있는 운동을 지도하며 장내에 유쾌한 웃음과 활기를 불어넣었다.

특별 찬양은 필리핀 워십 팀의 기타리스트 찰리 형제가 맡았다. 전문 찬양 팀의 화려함은 없었지만, 그의 솔로 무대는 잔잔하면서도 깊은 울림을 주었다. 그에게 아픈 간증이 있었기 때문이다. 재작년 필리핀에 계신 부모님이 한 달 간격으로 세상을 떠나셨는데, 코로나로 인해 장례식조차 갈 수 없었던 그는 깊은 상심에 빠졌었다. 그러나 그 큰 슬픔은 오히려 신앙을 더욱 굳건히 붙잡는 계기가 되었다. 고난을 통과하며 자신의 음악적 달란트로 주님을 섬기기로 결단한 그의 진심이 찬양에 묻어났다.

강사로 나선 젊은 목사님은 오랫동안 국내 유학생 선교에 헌신해 온 분으로, 누가복음 14장 15~24절의 '잔치 초청 비유'를 통해 간결하면서도 강력한 복음 메시지를 전했다. 하나님의 구원 초청에 변명으로 일관하지 말고 응답해야 한다는 간절한 외침은 코로나를 핑계로 한동안 교회를 멀리했던 이들에게 묵직한 도전이 되었다.

팬데믹 이후 평소 40~50명 수준이었던 참석 인원이 이번 축제에는 65명으로 늘었다. 예전과 비교하면 적은 수일지 몰라도, 예배실이 꽉 찬 것 같은 충만함이 느껴졌다. 한 영혼 한 영혼이 마치 잃었다가 돌아온 탕자처럼 반가웠기에 그 자리는 그야말로 천국 잔치였다.

페루 자매 따니아의 한국인 남편이 자리에 앉아 있는 것을 보았을 때는 이루 말할 수 없이 기뻤다. 코로나 기간 여러 고충을 겪었던 그를 위해 간절히 기도해 왔기에, 아내 곁에 앉은 그 모습은 내 가슴을 쿵쾅거리게 할 만큼 놀라운 응답이었다. 또한 루차 자매의 동생 여르카가 품에 안고 왔던 아기가 어느덧 여섯 살 소년이 되어 나타난 모습도 큰 감동이었다.

서로 앙숙이었던 두 필리핀 형제가 암미에서 마주하게 된 것도 잊을 수 없는 사건이다. 내가 다가가자 얼굴을 붉히며 악수를 건넨 형제, 그와 보이지 않는 전쟁을 치러 왔던 또 다른 형제가 천국에서 만난 듯 서로 반가워하는 모습에 오랜 기도가 헛되지 않았음을 확인했다.

캄보디아 형제들도 여럿 발걸음을 했다. 한국인처럼 순한 인상의 속하 형제는 나를 보며 "이제 다시 잘 올게요!"라고 서툰 한국어로 약속했다. 너무도 보고 싶었던 니라와 소피 형제, 그리고 교회에 처음 나온 자매의 등장은 기쁨에 기쁨을 더했다.

이러한 축제의 열기는 다음 주일로도 이어졌다. 암미에서 결혼식까지 올렸던 필리핀의 제트 자매를 다시 만난 것은 꿈만 같았다. 전날 필리핀 리더에게 "제트 자매가 너무 오래 보이지 않으니 내가 직접 찾아가게 인도해 달라"라고 부탁했는데, 그 간절함이 닿았는지 다음 날 그녀가 기적처럼 나타난 것이다. 기다리는 아버지에게 큰 기쁨을 안겨 준 탕자처럼, 그녀의 발걸음은 내게 더없는 행복을 주었다.

특히 캄보디아 그룹의 통역을 맡았던 소피 형제와의 대화는 이번 축제가 바로 '그 한 사람'을 위한 것임을 깨닫게 했다. 귀국 후 결혼했다는 소식만 들었는데, 최근 다시 한국에 돌아온 모양이었다. 그는 리더 목사님이 메신저로 보내 준 초청장을 보고 다시 신앙생활을 시작하기로 마음먹었다고 했다.

소피 형제는 자신의 아픈 삶을 털어놓았다. 믿음 없는 결혼으로 겪었던 갈등과 이혼의 상처를 고백하는 그에게, 나는 단호하면서도 따뜻하게 신앙의 본질을 일깨워 주었다. 지금이라도 회개하고 그리스도인으로서 이 문제를 위해 기도하라는 당부에 그의 어두웠던 얼굴이 이내 밝아졌다. 돌아가는 길 두 팔을 벌려 나를 꼭 안아 주던 그는 마치 사랑스러운 막내아들 같았다.

2022년 생명의 축제는 이처럼 생명의 역사가 살아 숨 쉬는 천국의 잔치였다. 인근 가나안교회에서 보내 준 반계탕과 서울 소망교회 의료 팀의 의약품 지원으로 육신까지 풍성해진 시간이었다. 이러한 생명의 잔치가 코로나의 시련을 겪은 모든 교회와 선교지마다 힘차게 일어나기를 간절히 기도한다.

22

삼복더위와 소나기 사이에서

푹푹 찌는 삼복더위가 기승을 부리던 지난 7월 31일 월요일, 암미 가족은 여름 수련회를 떠났다. 파주 마장호수의 출렁다리를 목적지로 정하고, 출발에 앞서 오전에는 교회에서 예배를 드렸다. 이런 특별한 야외 프로그램이 있을 때는 한국어 교실 학생들을 초청해 자연스럽게 복음을 접하게 하는 것이 무엇보다 중요하다. 감사하게도 방글라데시, 스리랑카, 파키스탄 등 3개국에서 온 6명의 새로운 형제늘이 합류하여 총 26명의 지체가 함께했다.

특히 이슬람 사원(모스크)을 중심으로 철저한 식생활과 강한 공동체 의식을 가진 방글라데시 형제들이 예배당 뒷자리에 앉아 진지하게 설교를 경청하는 모습은 큰 기쁨이었다. 최근 통계에 따르면, 강한 종교적 배경을 가진 이주민이라도 한국 생활 중 종교를 선택할 때 80% 이상이 기독교를 꼽는다는 조사 결과가 있다. 예배에 참석한 그들의 눈빛을 보며 이주민 선교의 막중한 사명감을 다시 한번 가슴에 새겼다.

예배 후 암미의 승합차 두 대에 나눠 타고 파주로 향했다. 시원하게 뻗은 북쪽 도로를 달려 예약해 둔 식당에 도착했다. 돼지고기를 먹지 않는 이슬람권 형제들을 배려해 보양식으로 갈비탕을 주문했는데, 방글라데시 형제 2명은 '할랄 소고기'가 아니라는 이유로 갈비탕 대신 비빔냉면을 선택했다. 냉면 고명으로 올라간 소고기는 어떻게 했는지 궁금했지만, 자신의 신념을 지키려는 그들의 태도를 존중하며 식사를 마쳤다.

마장호수에 도착하니 휴가철임에도 불구하고 무더운 날씨 탓인지 주차장이 여유로웠다. 물 한 병씩을 손에 들고 걷기 시작했다. 단체 사진을 찍으려는데 필리핀 지체들의 걸음이 유독 늦었다. 알고 보니 그들은 길가에 펼쳐진 아름다운 풍경을 하나하나 카메라에 담으며 오느라 시간이 걸린 모양이었다. 더위 속에서도 자연을 온전히 향유하는 그들의 '느림의 여유'가 새삼 부러워 보였다.

호수 중앙을 가로지르는 출렁다리는 보는 것만으로도 탄성을 자아내며 더위를 잊게 했다. 다리 중간쯤에 이르자 교각 없이 축 늘어진 구조 탓에 다소 출렁거림이 느껴졌고, 그 짧은 순간의 긴장감이 걷는 재미를 더해 주었다. 호수 한 바퀴를 돌아 다리가 무거워질 무렵, 마침 근사한 2층 정자가 나타났다.

그늘이 드리워진 정자는 6개국 사람들이 둥글게 앉아 쉬기에 안성맞춤인 공간이었다. 이 기회를 빌려 다 함께 하나님을 찬양하고 싶었지만, 아직 믿음이 없는 학생들을 배려해 각 나라의 노래를 한 곡씩 불러 보자고 제안했다. 반응은 뜨거웠다. 방글라데시 형제들은 고국의 노래를 한목소리로 즐겁게 불렀고, 페루 팀은 특유의 신나는 리듬을 선보였다. 수줍음을 무릅쓰고 휴대폰으로 가사를 찾아 노래한 스리랑카 형제와 활기찬 필리핀 그룹의 노래가 이어지며 정자는 어느덧 다국적 축제의 장이 되었다.

마지막으로 이준동 목사님 가정이 CCM 〈하나님을 느낌〉을 불렀다.

하늘의 새들과 땅의 나무 물속의 고기와 산의 바위

세상의 모든 만물들은 하나님 계심을 알고 있어

세상 사람들은 왜 모를까 이 세상 지으신 하나님을

자신을 빚으사 생기 넣어 주신 주님을 왜 모르는 걸까

부드러운 바람 싱그러운 꽃 내음 시원한 공기 따스한 햇빛

눈에 보이진 않지만 모두 느낄 수 있잖아 주님도 그런 거야

보이진 않지만 온전히 계신 하나님!

한국어를 배우는 학생들에게도 이 가사가 들렸을까. 보이지 않지만 온전히 계신 하나님을 자연 속에서 함께 느끼는 벅찬 순간이었다.

일정을 마치고 암미로 돌아오는 길, 차에 오르자마자 하늘에서 시커먼 구름이 몰려오더니 엄청난 소낙비가 쏟아졌다. 정자에 머무는 시간까지 헤아려 비를 피하게 해 주신 하나님의 세심한 배려에 모두가 탄성을 내뱉었다. 우리의 앉고 일어섬을 모두 알고 계시는 하나님(시 139:2). 찜통더위와 소낙비 사이에서 가장 좋은 길로 인도해 주신 주님의 선하심을 맛본 참으로 감사한 여름 수련회였다.

2023년 여름, 파주 마장호수에서

23

영원한 동역자 조위

필리핀 형제 조위는 암미가 태동하던 1995년 12월 24일 성탄 전야, 처음 모였던 5명의 외국인 지체 중 한 사람이다. 그는 사역 초기부터 공동체의 든든한 구심점이었을 뿐만 아니라, 귀국 후에도 늘 암미를 사모하며 현지 귀국자들을 신앙으로 격려하는 이른바 '영원한 암미맨(Ammi man)'이다.

지난해 12월 초에 있었던 필리핀 선교 여행도 알고 보니 조위의 간절한 기도가 마중물이 되었다. 조위는 지난 뉴스레터 51호에서 당시 수련회를 이렇게 회상했다.

"팬데믹 기간 필리핀의 암미 가족들이 영육 간에 큰 어려움을 겪었습니다. 저는 글로리아 목사님께 우리를 위로하기 위한 수련회를 열어 달라고 간절히 요청했고, 목사님은 '기도합시다'라고 답하셨죠. 우리는 영적 어머니의 방문을 위해 마음을 모아 기도했고, 선하신 하나님은 그 기도에 응답하셨습니다."

그의 헌신적인 소통 덕분에 필리핀 각지에서 19명의 지체가 모여 2박 3일간의 풍성한 수련회를 가질 수 있었다. 그러고 보니 조위 덕분에 초창기 암미의 주축이었던 남미나 인도보다 필리핀 선교 여행을 훨씬 더 자주^(다섯 번이나) 다녀오게 되었다.

하지만 조위의 남다른 암미 사랑은 한편으로 내게 아쉬운 기도 제목이기도 했다. 고국으로 돌아갔으면 현지 교회에 뿌리를 내리고 충실한 그리스도인으로 살아야 하는데, 그의 마음은 온통 한국의 암미만을 향해 있는 듯했기 때문이다. 얼마 전 증축한 암미센터 건물을 영상 통화로 보여 주었을 때도 화면 너머로 전해지는 그의 그리움이 얼마나 절절했는지 모른다.

결국 사건이 터졌다. 조위는 암미가 너무 보고 싶어 딱 5일만 한국에 머물 수 있게 초청해 달라고 간절히 부탁해 왔다. 선교사 신분으로 개인 초청은 어렵다며 거절했는데, 그는 포기하지 않고 '깜짝 방문'을 계획했다. 지난 4월 10일, 주일예배에 나타나 모두를 놀라게 해 주려던 그는 한국의 조카를 방문한다는 명목으로 인천공항까지 왔으나, 끝내 출입국관리소에서 입국을 거절당하고 말았다.

과거 불법체류 신분으로 강제 출국당했던 이력이 발목을 잡은 것이다. 서른 살 청년이던 조위는 어느덧 예순을 바라보는 나이가 되었고, 몸도 약해져 일을 할 상황이 아니라고 사정해 보았지만 법의 잣대는 냉정했다. "그럼 내가 여든 살이 되어도 거절할 거냐"는 그의 절규 섞인 물음에 직원은 단호하게 "그렇다"라고 답했다. 조위는 큰 상처를 입은 채 발길을 돌려야 했다.

공항에서 밤 12시 비행기로 돌아간다는 그의 메시지를 받고 마음이 너무 안쓰러워 위로를 건넸다. "네가 올 수 없다면 내가 가면 되지 않느냐"는 말에, 그는 그 와중에도 "지금 필리핀은 너무 더우니 오지 말라"며 웃음을 안겨 주었다. 새벽부터 비행기를 타고 날아와 입국장에 발도 붙이지 못한 채 돌아가야 하는 그의 낙심이 얼마나 컸을까.

나는 다시 문자를 보냈다. "조위, 그 일은 잊어버려라. 내가 꼭 너를 기쁘게 해 줄게. 이번 달 안에 선물을 보낼게." 그제야 조위는 응답하며 한국의 사계절과 암미를 향한 변함없는 애정을 털어놓았다. 유머 감각과 따뜻한 마음을 가진 그였지만, 이번 '공항 쇼크'는 꽤 오래갈 듯 보였다.

이제 약속을 지키기 위해 그를 위로할 작은 선물을 준비하며 고민에 잠긴다. 하지만 이번 일이 조위에게 전환점이 되기를 기도한다. 오랜 세월 암미라는 과거의 기억에만 머물러 있던 그가 이제는 필리핀이라는 자신의 삶의 현장에 온전히 정착하여 더 성숙한 신앙인으로 거듭나는 계기가 되길 바란다. 물리적 국경은 막혔을지라도, 하나님이 그에게 허락하신 진짜 '사명의 경계'는 바로 그가 딛고 선 필리핀 땅이기 때문이다.

24

남이섬에서 누린 치유의 봄

수년간 팬데믹으로 인해 멈췄던 야외 예배를 2024년 봄이 되어 모처럼 다시 가질 수 있었다. 5월 12일 주일, 암미 가족들과 함께 경기도 가평의 남이섬을 찾았다. 오랜만에 방문한 남이섬은 이전보다 더욱 정성스럽게 단장되어 아담하고도 수려한 관광 명소로서의 면모를 유감없이 뽐내고 있었다.

섬으로 들어가는 10분 남짓한 뱃길은 여행의 설렘을 더해 주기에 충분했다. 배의 앞머리에는 태극기가, 양옆으로는 세계 각국의 국기가 펄럭이며 소풍의 운치를 한껏 돋우었다. 새로 생긴 공중 집라인은 젊은이들의 호기심을 자극했고, 물살을 가르는 모터보트의 쾌속은 보기만 해도 가슴이 시원해졌다.

무엇보다 섬 곳곳에 우뚝 솟은 거목들이 만들어 낸 짙은 그늘은 산책을 즐기기에 더할 나위 없었다. 전날 내린 비로 미세먼지가 씻겨 내려간 하늘은 눈부시게 맑았고, 살랑이는 바람에 실려 오는 초목의 향기는 최상의 봄날을 완성해 주었다. 그 평화로운 풍경 속에는 나들이를 나온 연인들과 국적을 불문한 외국인 관광객들이 가득했다.

야외 예배의 백미는 역시 정성껏 준비한 음식이다. 매주 암미의 점심 식사를 책임져 주는 여집사님이 동행한 덕분에 풍성한 식탁이 차려졌다. 버스 안에서 나눠 준 이른 계절의 옥수수부터, 파란 잔디밭에 둘러앉아 맛본 볶음밥과 닭강정, 샌드위치와 샐러드는 참석자 모두에게 축제 같은 기쁨을 선사했다.

식사 후 이어진 교제 시간은 다국적 축제의 한마당이었다. 10명이 넘는 스리랑카 팀은 휴대폰으로 고국의 전통 노래를 찾아 불렀고, 필리핀 그룹은 한국어 가사가 섞인 CCM을 박수와 함께 힘차게 불렀다. 서툰 노래와 춤으로 끊임없는 웃음을 자아낸 페루 자매들, 그리고 〈주의 이름으로 사랑합니다〉를 라오스어로 부른 젊은 부부의 찬양은 감동적이었다. 마지막으로 우리 사역자들은 야속이리도 한 듯 〈좋으신 하나님〉을 연거푸 부르며 이 모든 시간을 예비하신 주님을 높였다.

사실 전날 밤까지만 해도 날씨 때문에 초조한 마음으로 무릎을 꿇었다. 일기예보는 한 주 내내 비 소식을 전했고, 토요일 저녁에는 굵은 빗줄기가 쏟아져 고심이 컸다. 버스 기사마저 취소 여부를 물어 올 정도로 막막한 상황이었다. 하지만 엘리야의 기도를 들으시고 비를 주관하셨던 하나님을 기억하며 간절히 매달렸다.

주일 새벽 5시, 창밖의 자욱한 안개를 보며 '비가 오지 않겠구나' 하는 직감이 들었다. 아니나 다를까 아침이 되자 온 세상이 환해지며 눈부신 햇살이 쏟아졌다. 얼마나 놀라운 위로부터의 선물인가! 이주민 선교를 시작한 이래 수많은 야외 활동 때마다 날씨를 세밀하게 간섭해 주셨던 참 좋으신 하나님을 다시금 깨닫는 순간이었다.

남이섬의 정취가 너무 좋았던 탓일까. 오후 4시 반 집결 시간에 맞춘 이는 단 3명뿐이었다. 심지어 사역자들까지 제시간에 나타나지 않았다. 섬의 넓은 산책로를 돌아 나오는 데 시간이 꽤 걸린 모양이었다. 필리핀 형제들은 그사이 집라인과 번지점프를 즐기느라, 스리랑카 형제들은 보트를 타느라 시간 가는 줄 몰랐던 것이다. 예상 시간보다 30분 늦게 돌아가는 배에 올랐을 때, 한 필리핀 형제가 다가와 웃으며 말했다.

"목사님, 우리에겐 '필리핀 타임'이 있어요. 약속보다 1시간 정도 늦는 건 일상이죠!"

그 넉살 섞인 말에 그만 웃음이 터졌다. 버스에 올라탄 지체들의 얼굴은 갈 때보다 훨씬 밝고 생기가 넘쳤다.

푸르른 5월의 대자연을 보며 다시 한번 깊은 감사가 차올랐다. 우리를 위해 아름다운 나무를 자라게 하시고, 강과 산을 빚으시며 계절의 기쁨을 허락하신 하나님의 세심한 배려. 그 섭리를 온전히 누리는 것이야말로 우리에게 주어진 가장 큰 복임을 깨닫는 하루였다.

25

말이 통하는 선교의 기쁨

남미 페루 출신으로 한국인과 결혼해 다문화 가정을 이룬 제니는 누구보다 한국어에 능통하다. 외국인들이 유독 힘들어하는 미묘한 발음까지 아주 자연스럽게 구사하는 것은 물론, 한국인 특유의 우스갯소리까지 섞어 가며 소통하는 모습을 보면 신기할 정도다.

"제니는 어떻게 그렇게 한국말을 잘하게 되었나요?"라는 나의 물음에 그녀는 "김치를 좋아해서 그런 것 같아요!"라고 재치 있게 답해 좌중을 웃게 만들었다. 실제로 그다음 주일, 그녀는 직접 담근 김장 김치 한 포기를 들고 와 "목사님, 이 김치 맛 좀 보세요!"라며 나를 감동시켰다. 외국인 지체에게 정성이 담긴 김치를 선물로 받은 것은 사역 이래 처음 있는 일이었다.

이토록 한국인보다 더 한국인 같은 제니가 지난 주일(2025년 11월 9일), 추수감사절 성례식에서 세례를 받았다. 다른 4명의 학습자가 영어로 문답을 주고받을 때, 유일한 세례 대상자였던 제니는 유창한 한국어로 신앙을 고백하며 세례를 받았다. 안수기도를 하며 문득 머릿속에 스치는 생각이 있었다. '아니, 이주민에게 한국어로 복음을 전하고 양육하여 세례까지 주다니….'

암미선교회 20주년 기념집 제목이『말은 안 통해도 선교는 통한다』였는데, 이제는 명실상부한 '말이 통하는 선교'의 시대가 열린 것이다. 실제로 한국어는 이제 세계 20대 언어의 반열에 올랐고, 전 세계적인 한국어 열풍 속에 유엔 공식 언어 등재도 시간문제라는 말이 들려온다. '대박', '먹방', '치맥' 같은 단어들이 옥스퍼드 사전 등 권위 있는 해외 사전에 등재되는 현상은 한국어의 영향력을 실감케 한다. 한국에 오기 전, 현지 선교사를 통해 미리 한국어를 배우는 일은 이제 낯선 풍경이 아니다.

국내 이주민들 역시 정부 지원하에 한국어 학습에 매진하고 있다. 우리 암미 또한 법무부 출입국관리소의 운영 기관으로서 사회 통합 프로그램 한국어 교육을 시행 중이다. 마태복음 24장 14절에서 주님은 마지막 때에 땅끝까지 복음이 전해질 것이라 말씀하셨다. 주님이 재림의 길을 예비하시기 위해 한국어라는 도구를 이토록 친히 준비시켜 주신 것은 아닐까 하는 거룩한 상상을 해 본다.

다시 제니의 이야기로 돌아가 보면, 무엇보다 감사한 것은 그녀의 깊은 믿음이다. 암미에 오기 전, 그녀는 오랜 시간 영적인 방황을 겪었다. 결혼 후 불교 신자였던 시어머니는 "교회는 내가 죽은 후에나 나가라”라며 엄포를 놓았다. 갈급한 마음에 토요일에 모이는 안식교를 찾기도 했고, 이단 교회를 전전하며 5~6년을 보냈다고 한다.

코로나 팬데믹으로 인해 거리 두기가 시작되면서 그곳들과도 발길이 끊겼고, 그사이 시어머니가 별세하셨다. 특히 아들이 군대에 입대하자 불안해진 마음을 안고 암미교회를 찾은 그녀는 하나님께 아들을 지켜 달라고 간절히 기도하기 시작했다. 작년 학습을 받을 무렵 뉴스레터에 기고한 그녀의 간증문에는 “암미에서 말씀을 들으며 비로소 치유를 경험했다”는 고백이 담겨 있었다. 그녀는 또한 이렇게 말한다.

“말씀에 순종하는 것이 때로는 어렵지만, 애쓰는 것만으로도 혈액순환이 되는 것처럼 시원함을 느낍니다. 음식은 많이 먹으면 비만이 되지만, 하나님의 말씀은 먹을수록 성품이 좋아집니다. 말씀은 우리 인생의 행복을 위한 ‘내비게이션’과 같습니다.”

예배 후 세례 꽃다발을 가슴에 안고 환하게 웃으며 “세례를 받아서 정말 행복합니다”라고 말하던 제니의 모습은 그 어떤 꽃보다 아름다웠다. 앞으로 한국어로 신앙을 고백하며 기뻐할 제2, 제3의 제니가 암미를 통해 계속해서 일어나길 소망한다. 보이지 않는 곳에서 영혼을 빚어 가시는 주님의 손길은 실로 놀랍고도 경이롭다.

_Am

PART 2

복음을 품고
부르심의 현장으로!

mission
fellowship

이주민 한 사람을 환대하는 것은 등 뒤에 지고 온 거대한 세계와 조우하는 일이었다. 복음의 씨앗을 품고 자기 나라로 돌아간 이들은 이제 복음의 수혜자가 아닌, 열방의 국경을 가로지르는 새 역사의 주역이 되었다. 8개국으로 다시 파송된 이주민 선교사들의 발걸음은 복음이 국경과 인종이라는 견고한 벽을 어떻게 횡단하는지를 보여 주는 생생한 증언이다. 이름 없이 헌신한 동역자들의 손길이 한데 모여, 파편화된 세상을 치유하고 주체적인 생명의 연대를 일구어 내고 있다.

01

하나님을 알게 하시고

귀국 사역자, 페루 **마리아넬라** 자매

나는 한국에서 11년간 체류했다. 그때 친구의 초청으로 암미 교회에 가게 되었다. 어릴 적부터 어머니가 가톨릭의 성상들을 위해 촛불을 켜고 경배하는 모습을 보며 자라 온 나는 교회에 갔어도 마음과 생각은 완전히 다른 곳에 가 있었다. 그저 삶에 대한 걱정과 일터에서 일어난 일들을 되새기는 등.

그런데 글로리아 선교사님이 하시는 설교 말씀이 조금씩 나의 마음을 만지기 시작했고 내 생각이 변화되기 시작했다. 그 말씀은 직설적이면서 효과적이고 진리로 가득 찬 말씀이었다. 어느 주일, 예수님이 진리 자체라는 요한복음 8장 32절의 말씀을 듣고 예수님을 나의 구주로 영접했다. 그러자 모든 두려움이 다 사라지고 모든 지각을 뛰어넘는 평안이 왔다.

현재 나는 페루의 한 지역 교회에서 적극적으로 교회 사역에 동참하고 있다. 이 교회는 17개의 지교회가 있는데 그 가운데 주일학교 교사로 섬길 수 있는 특권이 주어졌고, 이 사역이 나에게 너무 소중하여 정성을 다하고 있다. 올해에는 극심한 가난 속에 살아가고 있는 농어촌 주일학교에서 교사로 섬긴 일도 있었다.

또한 주일 저녁 예배의 예배 디렉터로도 섬기고 있는데 저녁 예배 순서의 콘티를 짜고, 지도 관리하고 예배의 여러 프로그램이 잘 진행될 수 있도록 준비하는 책임을 맡고 있다. 모든 순서가 질서 있고 경건하게 진행되도록 세심하게 살피는 중요한 역할이다.

그뿐만 아니라 중보기도 사역 팀과 봉사 팀의 일원으로도 함께하고 있다. 특히 구제 사역 팀의 헌신된 자매들과 함께 협력할 수 있는 것은 내게 큰 축복이다. 우리는 도움이 필요한 이들에게 그리스도의 사랑을 전하고 실제적인 도움을 제공하기 위해 마음을 모으며 한 팀으로 아름답게 섬기고 있다.

수도 리마에 위치한 우리 교회는 1년에 두세 차례 정기적으로 영적 훈련과 세미나를 개최하고 있다. 이러한 소중한 훈련을 통해 우리가 더욱 잘 준비되고 지혜와 확신으로 명확하게 복음을 전할 수 있도록 도와주고 있다. 나를 붙드시고 힘을 주시는 하나님께 감사하는 마음으로 이 모든 사역을 감당하고 있다.

내가 외국인 근로자의 신분으로 한국에 있을 때 하나님을 알게 하시고 말씀을 배우게 해 주신, 암미라는 큰 가족의 구성원이 되게 해 주신 하나님께 진심으로 감사드린다. 또한 글로리아 선교사님과 사무엘 목사님, 그리고 쉼 없이 외국인들을 섬겨 주시는 봉사자들에게 깊은 감사의 마음을 전한다.

암미교회가 30주년을 맞이하여 앞으로 땅끝까지 복음을 전하는 지상 명령을 더욱 충성스럽게 감당하는 선교 교회가 되기를 축복한다. 아울러 주님이 여러분의 삶과 사역에 복을 주시길 간절한 마음으로 기도한다.

불법체류자임에도 불구하고

귀국 사역자, 캄보디아 **리홋** 형제

나는 한국에 2012년부터 2023년까지 11년 체류하며 일을 했다. 지금은 본국 캄보디아로 돌아와 거주하고 있다. 처음 한국에 갔을 때, 내가 하던 일은 농장 일이었다. 나는 그곳에서 지금의 아내 레카나(Leakhena)를 만나 결혼해서 딸 엠마(Emma)를 두고 있다.

그때 처음으로 용인에 있는 '열방교회'를 알게 되면서부터 내 믿음이 자라기 시작했다. 그 교회 분들은 정말 사랑이 많으셨고, 우리 부부의 결혼식도 주재해 주셨다. 하지만 직장을 옮겨야 해서 그곳을 떠나게 되었을 때 아주 많이 슬펐다.

남양주 진접에 있는 새로운 회사로 옮기게 되었을 때, '암미'라는 선교센터를 알게 되어 그곳에서 주일예배를 드리게 되었다. 그곳에서 다시 따뜻함을 느꼈고, 다양한 국적의 사람들이 함께 예배드리는 것을 경험했다. 우리가 불법체류자임에도 불구하고 그곳에는 차별이 없었으며, 그들은 항상 우리 가족을 돌봐 주며 큰 사랑을 베풀어 주었다.

나는 정말 암미교회를 사랑한다. 글로리아 목사님과 폴 목사님은 항상 우리 가족을 도와주셨다. 특히 폴 목사님이 매주 우리 가족을 심방 오셔서 성경 공부를 하면서 나는 영적으로 성장할 수 있었다. 그분들과의 사랑과 아름다운 추억을 잊지 못하며 항상 그리워하고 있다.

2023년 8월에 아내 레카나가 출입국관리소에 체포되어 캄보디아로 강제 송환되었다. 그때는 정말 힘든 시간이었다. 우리는 낙심했고 두려움에 떨었다. 딸아이가 엄마가 어디 있느냐고 물었을 때 나는 그 말을 듣고 울었고, 아이도 따라 울었다. 암미교회에 전화를 걸었을 때 암미교회는 우리 가족을 절대 포기하지 않았다. 우리가 고난을 겪고 있을 때 우리와 함께 기도하며 하나님께 부르짖었다.

그때 우리가 겪었던 어려움들로 인해, 딸과 나는 한국을 떠나 캄보디아에 있는 아내와 함께 살기로 결정했다. 하지만 예상치 못한 일이 생겼다. 내가 자진해서 출입국관리소에 가서 출국하겠다고 했는데, 날아든 통보는 벌금과는 별도로 약 4천 달러의 세금을 체납하고 있다는 것이었다.

캄보디아로 가기 위해서는 그 세금을 납부해야만 했다. 그때 나는 가진 돈이 전혀 없었다. 다시 폴 목사님 내외분과 함께 기도했다. 그런데 기적처럼 하나님께서 우리의 기도를 들어주셨고, 체납된 세금을 낼 수 있게 되었다. 하나님께서 암미교회를 통해 내 기도를 응답해 주신 것에 너무나 놀라웠고, 지금 다시 생각해도 감사뿐이다.

지금 여기 캄보디아에서 온 가족이 함께 평화롭게 살고 있다. 이 모든 일련의 과정은 우리 가정이 캄보디아로 돌아와 복음을 전하기 위해 준비된 하나님의 계획이라고 믿는다. 현재 우리는 캄보디아에 돌아와 2년째 살고 있는데, 이 기간에 CCC(GCM)라는 기독교 단체 소속 'Global Church Movement(지구촌 교회 운동)'에서 일을 하고 있다. 우리 부부는 마을 전도자로 섬기고 있는데 지난 2년 동안 약 600명에게 예수 그리스도를 전했다.

그중에 약 200명의 신자가 생겼고, 내가 살고 있는 마을에서는 후속 양육 단계에 있는 사람이 36명 정도다. 그뿐만 아니라 이 마을에는 약 30명의 어린이가 있다. 우리는 매주 주일마다 아이들과 함께 예배드린다. 아이들은 정말 사랑스럽다. 나는 또 마을의 어르신들을 섬기는 사역을 하고 있다. 때로는 힘들고 낙심될 때도 있지만, 어르신들 사역 역시 좋아한다.

우리는 암미교회를 정말 그리워하고, 그곳에서의 좋은 추억들을 많이 간직하고 있다. 모두 잘 지내고 계시는지, 우리를 아직도 기억하고 계실지 모르나 정말 암미의 가족들을 보고 싶다. 우리는 주 안에서 하나이니 캄보디아에서 주님을 섬기고 있는 우리 가족을 위해 계속 기도해 주었으면 좋겠다. 여러분에게 하나님의 축복이 함께하시기를!

예수님은 나의 소망

귀국 사역자, 이란 **E** 형제

우리의 구원자, 예수 그리스도 이름으로 모든 믿음의 형제자매들에게 문안드립니다.

저는 2001년에 일자리를 찾으러 한국에 갔습니다. 그때 저는 스물한 살 청년이었고 꿈이 많았습니다. 하지만 경험은 없고 일은 힘들고 언어를 모르고 문화도 달라서 너무 힘들어 포기하고 싶었습니다.

하지만 몇 달 후에 어떤 사람을 통해 교회를 알게 되었습니다. 가 보니까 처음에는 이상했지만, 교회는 깨끗하고 안전한 곳이었습니다. 사람들이 친절해서 제 마음의 스트레스와 피곤이 조금씩 줄어드는 것을 느낄 수가 있었습니다.

교회에서 글로리아 목사님을 만났습니다. 그분은 저에게 어머니처럼 대해 주셨지요. 그분의 사랑과 전해 준 복음은 제가 믿음을 가지게 된 큰 이유였습니다. 그래서 저는 지금도 그분을 "어머니"라고 부릅니다. 또한 교회에 와서 자원해서 봉사하고,

맛있는 음식을 준비해 주신 분들에게도 진심으로 감사드립니다. 그들의 사랑과 겸손한 봉사는 저의 한국 생활과 신앙생활에 큰 힘이 되었습니다.

처음에는 기독교를 잘 몰랐고 관심도 없었는데 매주 교회에 가면서 조금씩 배우고, 예수님을 좋아하게 되었습니다. 찬양과 기도, 교회 사람들의 사랑이 제 마음을 움직였습니다. 오랫동안 고민했지만, 결국 하나님의 빛이 제 마음에 들어왔고 저는 믿음을 가지게 되어 세례를 받았습니다. 그날은 제 인생의 큰 전환점으로 새로운 탄생을 경험한 날이었습니다.

정말이지 예수 그리스도를 알고 믿음을 가지게 된 것은 제 인생의 가장 큰 기적입니다. 그로 인한 모든 변화가 작은 한 걸음, 교회에 들어간 그날부터 시작되었습니다. 그 작은 걸음이 제 인생에 큰길을 열어 주었고, 제 안에 희망을 심어 주었습니다.

2007년 말에 저는 이란으로 들어왔습니다. 그때 거의 서른 살이 되어서 결혼할 나이였습니다. 가족은 결혼하길 원했고, 전통에 따라 여자들을 소개해 주었으나 대부분이 무슬림이었기 때문에 저는 결혼하지 않았습니다. 지금도 저는 혼자이고, 예수님을 믿는 여성을 만나서 결혼하기를 기도하고 있습니다.

이란에서는 다른 종교에 제한이 있고 교회도 없습니다. 반드시 무슬림이어야 하고 이슬람을 믿어야 합니다. 하지만 저는 여전히 예수 그리스도께 희망을 두고 믿음을 지키고 있습니다. 얼마 전 글로리아 목사님으로부터 이란에 지하 교회들이 많이 있다는 말을 들었습니다. 한국인들, 특히 예수를 믿는 사람은 수도 테헤란에나 가야 볼 수 있을 거라고 생각해 왔는데 지하 교회들이 많다니 한번 알아봐야겠습니다.

그런 가운데 이란 목사님을 소개해 주겠다는 글로리아 목사님의 제안은 사양해야 할 것 같습니다. 여기는 보안 기관의 힘이 너무 강해서 아무나 믿을 수가 없기 때문입니다. 항상 저를 이해해 주시고 관심 가져 주시는 글로리아 목사님에게 감사합니다. 저는 지금 혼자 성경을 읽고 예수님을 찬양하며 예배하고 있는데 암미교회가 너무나 그립습니다. 저를 위해 기도해 주시길 바랍니다.

04

인디언을 섬기는 사역

파송 선교사, 파라과이 **김준혁** 선교사

나는 서울 성북구 돈암동에서 태어나 일곱 살에 부모님과 형, 그리고 동생과 함께 남미 파라과이로 이민을 갔다. 거기서 하나님의 부르심을 좇아 신학대학을 다녔고 이민 생활 20년 만에 한국에 귀국하여 총신대학교 신대원을 다녔다. 역시 선교사를 준비 중이던 동기 전도사를 만나 결혼을 했다.

졸업을 앞두고 있던 2000년도에 남양주시 진접읍 장현리에 위치한 암미선교회에 전도사로 심길 기회가 있었다. 어린 시절에 성장해 온 남미를 떠나 한국에서 공부하면서 느낀 점이 있다. '나는 한국 사람이면서도 한국에서 생활하는 것이 이렇게 어려운데, 선교사님들은 다른 문화 속에 살며 얼마나 어려우실까?' 그러면서 그들에 대한 존경심을 가지게 되었다.

암미선교회에서 사역을 시작하게 된 것은 주님께서 주신 큰 은혜였다. 그들도 외국에서 생활하면서 좋은 일, 힘든 일 등을 가지고 있을 것이다. 그래서 나는 파라과이에 연락하여 남미 음식을 만들 수 있는 재료를 보내 달라고 했다. 소포로 재료를 받아 음식을 만들어서 그들과 함께 나누고, 주중에는 주로 밤에 성경 공부를 하며 주일 사역을 함께 하였다.

어느 날 페루 형제들이 후고 시판(Hugo Sipan)이란 친구가 교회는 나오지 않지만, 폐결핵으로 어려움을 당하고 있다는 소식을 전해 주었다. 결국 그를 만나서 여러 보건소와 기독 병원을 다니게 되었는데, 한 번 진찰을 받기 위해 오전 시간 전부를 기다리면서 진찰실에 같이 들어가 통역을 하며 과정을 마치면 점심시간이 되곤 했다. 교통비와 음식비가 부담스러웠어도 그 형제를 돌본 일은 참 귀한 순간들이었다.

고마움을 느끼는 후고 형제는 치료를 받는 기간 동안 암미교회를 빠지지 않고 참석했다. 어느 날 밤에 치료가 많이 진척이 되었을 때, 전화가 와서 하는 말이 문제가 있어서 경찰서에 와 있다고 했다. 한밤중이었지만 바로 달려가 보았다. 본인이 잘못한 것이 아니고 한 명의 어린 한국 아이가 피시방에서 옆에 두었던 지갑을 가지고 간 사건이었다. 그 문제에 있어 언어 문제로 인한 어려움을 도와주었다.

신대원을 마치고 선교사로 파송받게 된 후, 후고 형제는 암미교회의 지속적인 돌봄과 양육을 받고 현재 페루에 귀국하여 사역자로 일하고 있다. 참으로 귀한 하나님 아버지의 역사라고 믿는다. 내가 한 일이 아니고 하나님께서 암미선교회와 김영애 목사님을 사용하신 것이라고 확신한다.

이곳 파라과이에서 선교 사역을 하면서 어려움도 많지만, 든든한 기도 동역자로 암미선교회가 있는 것이 얼마나 감사한지 모른다. 절박한 순간, 통장이 비어 있고, 외국이라서 한국의 은행 카드로는 잔고를 볼 수 없는 상황에서 혹시나 하고 현금 인출기에 가서 단추를 누르는 순간, 바로 문이 열리는 것이 마치 엘리야에게 까마귀가 찾아오는 것같이, 요청한 금액이 나오는 기적이 있었다.

집에 와서 메일을 확인하는 순간, 암미선교회 김영애 목사님으로부터 메일이 와 있었다. 바로 교회에 피기 저금통 헌금을 파라과이 선교로 보내 주었다는 내용이었다. 그런 순간이 한 번만이 아니고 벌써 20년 동안 지속적으로 이루어지고 있다는 사실이 놀랍다.

나의 첫 사역지는 볼리비아 코차밤바였다. 3년 동안 '모퉁이돌'이라는 이름으로 개척 교회와 통역 및 번역(총회 헌법 등)을 하며 은혜 가운데 사역을 하였는데 3년이 되는 2005년에 파송 교회 선교지 확장으로 인해 파라과이가 현재까지의 새로운 사역지가 되었다. 파라과이에서도 20년 동안 교회 개척(싸호니아 Feliz교회, 빈민촌 Del Señor교회, 인디언촌 Nazareth교회)과 통역 및 신학 서적 번역을 하고 있다.

20년 전에는 파라과이에서 통역자가 나뿐이어서 교단에 상관

없이 여러 세미나와 예배에 불려 다녔다. 하지만 점차 통역자들이 늘어나 현재 4명이 되어 나의 통역 사역이 줄어들게 되었다. 그 대신 전에 하던 인디언 사역을 할 수 있게 되었는데 현재는 엔제스(ENZETH)와 마카(MAKA)족 두 군데 인디언 사역을 하고 있다. 기회가 되면 하나님께서 지경을 더 넓혀 주시기를 기도 중이다. 내 생애 잊을 수 없는 한국의 암미선교회가 주님 오실 때까지 국내 외국인 선교를 잘 감당하기를 기도하고 있다.

05

국경의 땅 매솟에서

파송 선교사, 태국 **신일호** 선교사

평내교회 여전도회의 월례 식사 봉사에 아내가 참여하게 되면서부터 나 또한 암미선교회 봉사를 시작했다. 처음 방문했던 암미는 장현 읍내 상가 건물 지하에 자리하고 있었다. 지하이기에 비가 오면 습도가 높아 제습기가 쉴 없이 가동되었고, 뒤편 주방은 좁아서 봉사하는 데 어려움이 많았다. 하지만 그 지하 공간에 모여 예배드리던 페루, 필리핀 등 형제자매들의 열정적인 찬양은 지금도 잊을 수 없는 감동으로 남아 있다.

나는 선교사로 파송되기 전까지, 암미에서 자원봉사자로 섬겼고 신학대학원을 다니면서 주말 사역자로 교회를 섬기는 기쁨을 누릴 수 있었다. 암미와 함께한 시간은 나를 태국 선교사로 부르시는 하나님의 중요한 훈련 과정이었다. 이주민을 섬기는 암미의 사역을 통해 하나님의 공평하신 사랑을 배웠고, 다양한 문화권의 사람들과 소통하고 섬기는 선교적 역량을 키울 수 있었다.

나는 현재 태국 매솟에서 사역을 하고 있다. 치앙마이에서 13년간 사역한 후, 이곳에 온 지는 2년이 되었다. 매솟은 미얀마와 머이 강을 사이에 두고 국경을 이루고 있으며, 두 나라는 '우정의 다리'로 연결되어 있다. 현재 미얀마 내전으로 인해 이 다리는 태국 및 미얀마 주민들만 이용할 수 있다.

강 건너편 미얀마 미야와디 지역은 중국 회사가 장기 임대한 땅에서 카지노, 호텔, 공장 등을 운영하지만, 실제적으로는 보이스 피싱 등 범죄 조직이 여전히 활동하는 곳이기도 하다. 이에 따라 매솟으로 들어오는 검문소에서는 한국 정부의 요청에 의해 한국인의 출입이 매우 엄격하게 관리되고 있다.

매솟에는 오래전부터 미얀마 사람들이 이주하여 생활하고 있다. 태국 땅이지만 많은 미얀마인들이 살아가고 있는데 그들은 대부분 공장 작업, 농장 노동, 건설업 등에 종사하고 있다. 특히 미얀마 군부 쿠데타로 인한 장기적인 내전으로 고향을 떠나 난민으로 살아가는 가난한 사람들이 많이 있다. 최근에는 미얀마 정부군의 징집령으로 젊은 청년들이 많이 이곳으로 이주해 오기도 했다.

나는 현재 매솟에서 미얀마 사람들을 위한 사역에 집중하고 있다. 매주 두 곳의 가정 교회 예배 처소를 현지 사역자와 함께 방문하여 예배를 드리고 있다. 구제와 도움도 절실하게 필요하지만, 이들이 말씀 안에서 믿음으로 든든하게 세워져 가는 성도가 되기를 간절히 기도하고 있다.

주일 오후에는 작은 산자락에 있는 마을에서 미얀마 청년들과 함께 어린이 주일학교를 운영하며 찬양, 율동과 함께 하나님의 말씀을 전하고 있다. 그리고 쓰레기가 흩어져 있는 마을 주변을 깨끗한 자연환경으로 만들기 위한 교육과 활동을 진행하고 있다.

특별히 부모들이 일이 없어 학비가 없거나 자녀 교육에 대한 무지로 인해 학교에 가지 못하는 아이들을 찾아 '학교 보내기 프로젝트'를 진행하고 있다. 또한 가난의 대물림이 일상이 된 가정을 찾아 상담하여 자녀들에게 교육의 기회를 제공하고, 예수님을 주로 고백하는 신앙 안에서 인생의 바른 삶을 살도록 권면하고 있다. 올해는 총 95명의 학생들에게 장학금을 지급하였다. 지금까지 선교 사역을 위해 한결같은 마음으로 지원해 주시고 기도해 주신 암미아 긴영에 목사님의 사랑과 격려에 감사드린다.

창립 30주년을 맞은 암미가 한국에 있는 이주민 교회의 '등대'가 되기를 간절히 기도한다. 국적과 언어, 피부색은 달라도 예수 그리스도 안에서 한 가족이 된 이 아름다운 공동체가 한국 땅에 온 모든 이주민들에게 위로와 힘, 그리고 복음의 소망을 전하는 생명의 선교 교회로 더욱 굳건히 세워져 가기를 기도한다.

06

주께서 내 길 예비하시네

역파송 선교사, 브라질 **사무엘** 선교사

암미선교회가 벌써 30주년을 맞이했다는 소식에 가슴 벅찬 감동이 밀려옵니다. 1995년 성탄절, 김영애 선교사님이 한 필리핀 근로자를 만난 사건으로 시작된 작은 불씨는 지난 30년 동안 수많은 영혼을 주님께로 인도하는 거대한 사랑의 불꽃이 되었습니다. 고아와 과부, 그리고 나그네를 사랑하사 돌보시는 하나님의 말씀이 실제가 되는 현장을 우리는 목격해 왔습니다. 그 축복의 통로 속에 저 또한 훈련받은 사역자로 포함되어 있다는 사실이 참으로 감격스럽고 감사합니다.

저에게 암미는 하나님이 예비하신 특별한 훈련장이자 진로를 결정하게 해 준 결정적인 장소였습니다. 브라질에서 태어나 남미에서 학창 시절을 보낸 저에게 사실 한국의 외국인 노동자 사역은 매우 생소한 분야였습니다. 선교사로 일찍이 헌신하고 한국으로 유학을 왔지만, 한국에서 제가 가진 스페인어와 포르투갈어를 사용할 기회가 있을지 걱정하던 때였습니다. 그러나 하나님은 이미 저를 암미와 만나게 하실 계획을 세심하게 준비해 두고 계셨습니다.

김영애 선교사님과 함께 선교 훈련을 받으셨던 저의 스승님을 통해, 말이 통하지 않아 힘들어하는 페루 사람들을 도와 달라는 연락을 받게 된 것이 그 시작이었습니다. 망설임 없이 찾아간 암미의 첫 장소는 상가 건물의 작은 유치부실이었습니다. 비록 환경은 소박했지만, 그곳에서 만난 페루 지체들의 눈빛은 간절했습니다. 의사소통의 단절로 외로워하던 그들에게 스페인어 통역은 단순한 언어 전달을 넘어 깊은 위로와 복음의 통로가 되었습니다. 주님은 단순히 제가 언어를 잊지 않게 하시려는 목적을 넘어, 소외된 그들을 기억하고 계셨음을 깨닫게 하셨습니다.

그렇게 시작된 암미에서의 10여 년 사역은 저를 다방면으로 성장시켰습니다. 때로는 병원 통역으로, 때로는 경찰서와 외사과의 통역사로 불러 다니며 세상 속에서 그리스도인의 역할을 배웠습니다. 특히 페루 자매들의 산부인과 진료를 돕다가 오해를 사기도 했던 일들은 지금 돌아보면 웃음 짓게 되는 소중한 훈장과도 같습니다. 이러한 경험들은 훗날 군대 통역병 면접관이나 국제 대회 봉사 등 제가 상상하지 못했던 넓은 세상으로 저를 인도하는 귀한 밑거름이 되었습니다.

사역의 현장에서 겪은 고난과 갈등은 저의 신앙관을 정립하는 계기가 되기도 했습니다. 학부에서 심리학을 공부하던 시절,

저는 심각한 갈등을 겪는 한 페루인 부부를 돕기 위해 전문적인 상담 기법을 동원했습니다. 하지만 상담의 노력에도 불구하고 폭력 사태로 이어지는 부부의 한계를 보며 저는 깊은 고민에 빠졌습니다. '무엇이 잘못된 것일까?'라는 질문 끝에 제가 선택한 것은 결국 일대일 성경 공부였습니다.

놀랍게도 기교 섞인 상담이 아닌, 오직 주님의 말씀이 심령에 들어가자 깨어졌던 가정이 몇 주 만에 재결합하는 기적이 일어났습니다. 온전한 회복은 인간의 심리학적 기법이 아닌, 오직 하나님의 능력 있는 말씀으로만 가능하다는 사실을 뼈저리게 깨달은 순간이었습니다. 이 사건은 저로 하여금 평생 말씀 중심의 사역을 붙들게 한 중요한 이정표가 되었습니다.

암미는 또한 저의 언어와 은사를 연단하시는 하나님의 풀무질이었습니다. 다국적 공동체 안에서 영어와 스페인어를 동시에 사용해야 하는 상황은 저에게 늘 큰 도전이었습니다. 특히 원어민 속도로 쏟아지는 영어 설교를 스페인어로 즉시 통역해야 했던 어느 수련회의 경험은 지금도 잊을 수 없습니다. 들리지 않는 영어를 붙들고 간절히 입을 뗀 순간, 주님은 제 귀를 여셨고 제 입술에서는 경험해 보지 못한 자연스러운 스페인어가 흘러나왔습니다. 그것은 분명 하나님이 부어 주신 은사였습니다. 이 훈련 덕분에 저는 지금도 중남미 전역을 다니며 자유롭게 복음을 전하는 도구로 쓰임받고 있습니다.

이러한 암미에서의 다문화 경험은 자연스레 저의 선교지를 결정하는 결정적인 나침반이 되었습니다. 하나님은 왜 연고도 없던 페루 사람들을 10년 동안 섬기게 하셨는지 깨닫게 하셨고, 저는 순종함으로 첫 선교지 페루로 향했습니다. 암미의 후원 교회였던 곳이 저를 오랫동안 지켜본 덕분에 기꺼이 파송 교회가 되어 준 것 또한 하나님의 세밀한 은혜였습니다.

무엇보다 가장 큰 자산은 김영애 선교사님을 만난 것입니다. 영혼을 사랑하는 마음 하나로 30년을 버텨 온 그분의 뒷모습은 영적 스승이자 어머니 같았습니다. 브라질에서 새롭게 어린이 사역을 시작하며 막막할 때마다 선교사님의 순종을 떠올립니다. '처음부터 모든 것을 계획하고 시작하셨을까? 그저 순종으로 한 걸음 내디뎠을 뿐인데, 주님이 그 순종을 통해 역사를 이루셨다' 는 믿음이 저를 다시 일으켜 세웁니다.

암미의 30주년을 맞이하며 지난 시산을 돌아보니 모든 것이 주의 은혜였음을 고백하게 됩니다. 끝까지 영혼을 사랑하셨던 선교사님의 가르침을 가슴에 새기며, 저 또한 브라질 땅에서 그 순종의 걸음을 이어 가려 합니다. 앞으로도 암미를 통해 더 많은 나그네가 하나님의 자녀로 변화되고, 열방을 향한 하나님 나라 의 신실한 일꾼들로 세워지기를 간절히 기도합니다.

07

내게 내려 주신 축복

역파송 선교사, 페루 **파블로** 목사

나는 1996년 7월 일자리를 찾아 한국에 갔다. 도착해서 며칠 간 친구 실베리오(Silverio)와 함께 일자리를 알아보다가 나의 영적인 어머니 교회가 된 암미교회에 가게 되었다. 처음 그 교회에 갔을 때 글로리아 선교사님과 자원봉사자들로부터 따뜻한 영접을 받은 기억이 있다. 하지만 우리 페루 사람들은 영어 설교를 이해할 수가 없었다. 시간이 지나고 나중에 사무엘 형제님이 오셨을 때 그분이 나의 영적인 아버지가 되셨다.

몇 주가 지나 1997년 2월, 섬으로 수련회를 갔다. 그곳에서 한 설교를 통해 그리스도를 나의 삶의 주님과 구원자로 영접했다. 그때부터 삶의 변화를 경험했고, 암미교회에서 가르쳐 주신 대로 하나님의 크신 능력을 확인할 수가 있었다.

한 가지 경험을 나눈다면, 어느 날 달러 환율이 폭등해 한국 화폐 가치가 많이 떨어져서 내가 받던 월급 200달러는 아무것도 아닌 금액이 되었다. 그러자 공장에서 근로자들을 해고하여 일

자리가 없었다. 우리 공장도 예외는 아니어서 나는 간절히 기도했다. "주님, 저는 모아 놓은 돈도 없어서 페루에 갈 수도 없고, 간다고 해도 무엇을 할 수 있겠어요? 교회에서 '하나님은 당신의 자녀들의 기도를 들으시고 그들과 함께하신다'고 배웠으니 제가 해고당하지 않게 좀 도와주세요."

월급날이 되자 사장님이 모두를 불러서 월급을 주고, 방글라데시 사람들과 한국 사람들은 짐을 챙겨 떠났다. 나는 방에서 울면서 하나님께 기도하고 있었다. 그때 누군가가 나를 부르는 소리가 들렸다. 사장님이었다. 그는 내게 사무실로 오라고 하더니 이렇게 말했다. "모두 떠났고, 일은 없지만, 나와 함께 남아 달라. 월급은 걱정하지 말라. 일이 있든 없든 당신 월급은 제때에 지불될 것이다."

나는 하늘을 올려다보았고, 방에서 무릎을 꿇고 기도했다. "주님, 다시는 주님을 실망시키지 않겠습니다. 항상 주의 집에 거하겠습니다." 그날부터 오늘까지 심지어 팬데믹 중에도 항상 주님의 일에 헌신하며 그 곁을 떠나지 않고 있다.

그로부터 9년의 세월이 지나 고국으로 돌아가고 싶어서 기도하기 시작했다. 그러던 어느 주일예배 후, 글로리아 선교사님과 사무엘 목사님이 나를 사무실로 불렀다. 내가 목사가 되기 위해 신학 공부를 하고 싶은지 물어보시기에 즉시 "예"라고 대답했다. 그러자 그분들은 내가 공부한 후에는 사역을 해야 한다고 말

쏨했고, 이를 위해 내가 페루로 돌아가야 한다고 말씀했다. 내가 또 "예" 하고 대답하자 그분들은 자리에서 일어나 나를 축하해 주시면서 아무것도 걱정하지 말라고 하셨다.

나는 즉시 이 기쁜 소식을 가족에게 알리려고 아내에게 전화를 했다. 하지만 그녀는 내가 돌아오는 것을 원치 않았다. 그 이유는 그녀가 페루에서 다른 남자와 살고 있었고, 내 은행 계좌에 한 푼도 없었기 때문이다. 한국에서 9년간의 수고가 이렇게 헛수고가 되고 말다니… 나는 목사님들께 이 사실을 알렸고 그분들은 나를 위해 기도해 주셨다. 하지만 그 고통이 너무 커서 도무지 감당하기가 어려웠다. 잠에 들었을 때, 여호수아 1장 9절을 읽으라는 하나님의 음성이 들려왔다. 나는 이 말씀을 붙들고 페루로 가기로 결심했다.

페루로 가는 여정은 악마와의 싸움이었다. 악마는 내게 '아내에게 복수해라. 이대로 끝날 수는 없다'라고 속삭였다. 나의 비행은 하늘에서 홍콩, 남아프리카, 브라질, 그리고 페루로 가는 매우 긴 것이었다. 그 긴 여정 동안 계속 강렬한 싸움을 하며 오직 복수를 생각했다. 그러나 브라질에 도착했을 때 나는 기도하기 시작하며 무릎을 꿇었다. 그러자 주님이 히브리서 10장 30절 "원수 갚는 것이 내게 있으니 내가 갚으리라"라는 말씀을 주셨고 이 문제에 대해 자유할 수가 있었다.

페루에 도착해서 하나님의 성회 소속 안데스성경신학교(Seminario Bíblico Andino de la Asamblea de Dios)에서 공부하기 시작했다. 4년 동안 생명의말씀장로교회(Iglesia Presbiteriana Palabra de Vida)의 한국인 선교사님들과 동역했고 또한 7년 동안 내 집에서 아이들과 함께 사역했으며 그 후 4년 동안 한국인 목사님과 함께 사역을 했다.

이제는 산 하신토(San Jacinto, Chimbote)에서 4년째 사역을 하고 있다. 약 2년 동안 작은 교회에서 사역했는데, 그곳에서 쫓겨나 집집마다 돌아가며 예배를 드려야 했다. 이때 사랑하는 암미교회에 편지를 보내 예배당을 임대할 수 있도록 재정 지원을 요청했더니 감사하게도 도움을 주셨다.

한편 페루에 거주하는 한국인 장로님이 토지 구입과 건축을 도와주셔서 이제는 우리가 모이는 교회가 생기게 되었다. 할렐루야! 지금 목회하고 있는 생명의말씀복음장로교회가 곧 2주년이 되어 온다.

이렇게 계속 내려 주시는 축복에 대해 감사하며 어찌 주님을 사랑하지 않을 수가 있을까? 사랑하는 글로리아 선교사님, 자원봉사자들, 그리고 그리스도 안의 형제자매들 곧 페루인들, 필리핀인들, 인도인들 등 내가 사랑하는 암미교회에서 예배를 드리는 모든 분께 안부를 전한다. 언젠가 그곳에 한번 갈 수 있기를 희망한다. 하나님께서 여러분을 축복하시길!

08

그리스도께서 함께하시는 증거

역파송 선교사, 페루 **디아나** 목사

나는 디아나 모랄레스 디아즈 알바라도라는 긴 이름을 가지고 있다. 내 일생에 1년 6개월 동안 한국에 있으면서 암미교회를 통해 주님의 사랑과 기적을 알게 된 것을 하나님께 감사드린다.

당시 선교사이던 글로리아 목사님은 하나님의 말씀을 몸소 실천하며 가르치셨다. 그녀의 이방인에 대한 사랑은 그리스도께서 우리와 함께하시는 증거였으며, 그녀의 외국인들을 위한 헌신과 섬김은 참으로 탁월한 것이었다.

암미는 나에게 피난처 같은 곳이었다. 당시 내가 일하던 곳이 충북 충주였기 때문에 매주 주말이면 여행하면서 예배에 참석해야 했다. 오갈 때마다 100달러(10만 원 이상)가 들어 친구들이 조롱했지만, 나는 하나님께서 모든 것을 채워 주실 것을 믿었다.

생일날 글로리아 선교사님이 사랑으로 나를 그 집으로 초대했고, 그 집은 산에 올라가는 것 같았다. 그 산은 배양리 고개라고 했다. 방에는 많은 책들이 있었고, 그 책들은 나도 공부하고 싶은 마음을 갖게 해 주었다. 선교사님은 새벽에 일어나 사랑으로 특별한 아침 식사를 준비해 주셨다. 언어가 달랐지만, 몸짓과 사랑으로 많은 이야기를 나누었다. 선교사님은 참으로 섬김의 본보기를 보여 주었다.

추수감사절 축제 때 한국 가정들을 섬겼고, 그들이 사역자로 또 다른 나라로 보내지는 것을 보았다. 나도 사역자가 되어 페루로 가게 될 것임을 느꼈고, 실제로 그렇게 되었다.

페루에 도착했을 때, 남편은 믿지 않았고 아내인 나를 아주 나쁘게 대했다. 그는 빚이 많았고 나와 헤어지기를 원했지만, 하나님이 개입하시므로 놀랍게도 그에게 회심의 역사가 일어났다. 그 후 남편도 주의 종이 되었다. 남편의 회심과 주의 종으로 부르심에 대해 하나님께 진심으로 감사를 드린다.

24년이 지난 지금 딸 디아나 카롤라인은 서른 살이 되었고, 리차드 가스콘과 함께 젊은이 사역의 리더가 되었다. 또 데보라는 어린이 학교에서 봉사하고 있다. 우리 부부는 목사로서, 제자훈련과 리더십 사역에 헌신하고 있다. 우리가 받은 한국에서의 경험은 여기서 베네수엘라 사람들에게 전달되어, 국적이 달라도 그들에게 음식을 제공하고, 옷을 입히며, 그들을 보호하는 사랑의 수고를 하고 있다.

지나고 보니 암미는 내가 하나님의 자녀로 사랑과 보호 속에 주의 일꾼으로 성장하도록 도와주었다. 여러분의 기도 덕분에 우리의 삶은 페루에서도 계속해서 은혜 가운데 있으며 온 가족이 사역에 힘쓰고 있다. 암미의 많은 지체들 역시 강하게 세워져서 귀국할 때마다 믿음의 역사가 있기를 기도하고 있다. 나의 마음속 깊은 곳에 남아 있는 암미교회와 글로리아 선교사님, 사무엘 목사님께 감사드린다.

09

낯선 땅에서 이어진 소명

역파송 선교사, 페루 **우고 시판 오르테가** 목사

나는 페루 북부의 작은 시골 마을에서 태어나 어린 시절부터 힘든 노동과 가난에 적응하는 법을 배워야 했다. 고교 4학년 때 아버지가 위암으로 세상을 떠나셨고 형마저 급성 맹장염이 복막염으로 악화되어 갑작스럽게 세상을 떠났다. 큰아들마저 잃은 슬픔에 어머니의 병세는 급격히 나빠졌고, 형이 죽은 지 7일 만에 어머니도 눈을 감으셨다.

슬픔과 고통 속에서 나는 철저히 혼자가 된 기분이었고, 희망도 보호자도 없이 버려진 것 같았다. 하지만 살기 위해 용기를 내야 했다. 수도 리마로 가서 슈퍼마켓에서 일하고 있을 때, 형들인 호세와 페드로가 내게 한국행을 권유했고, 그 권유를 받아들여 비행기에 올랐다.

서울에 도착했을 때, 낯선 언어와 음식은 내가 알던 세상과 완전히 달랐다. 외로움이 짓눌렀지만 굳은 결심으로 버텼다. 다행히 한국에 있는 페루 사람들의 도움으로 양초 공장에 취직하여 밤낮없이 일을 했다. 그런데 어느 날 아침 가슴에 심한 통증을 느끼며 깨어났다. 숨을 쉬기 힘들었고 오한과 기침이 멈추지 않았다. 결국 피를 토했고, 동료의 도움으로 간 병원에서 심각한 폐 간염이라는 진단을 받았다.

스트레스, 추위, 영양실조, 과로가 겹친 결과였다. 하얀 병원 침대 위에서 하염없이 울었다. '왜 나에게 이런 일이… 가족을 도우러 왔는데, 여기서 죽는 건가?' 하지만 나도 모르게 내 영혼은 하나님을 찾고 있었다.

그때 암미교회에 다니던 페루 형제들이 내 소식을 듣고 다니엘, 사무엘 목사님과 함께 병문안을 왔다. 두 목사님은 성경책을 들고 따뜻한 미소로 나를 위로해 주셨다. "우고 형제님, 많이 힘들지요? 하지만 예수님이 형제님을 사랑하십니다. 이곳에 우연히 온 것이 아닙니다."

처음에는 그 말을 이해할 수 없었지만, 그 말씀은 내 마음에 씨앗이 되었다. 목사님들은 자주 찾아와 성경 말씀을 읽어 주시고 기도해 주셨다. 그러던 어느 날 밤, 고열로 잠들지 못하던 때 목사님이 두고 가신 성경을 펼치니 마태복음 11장 28절의 말씀이 눈에 들어왔다. "수고하고 무거운 짐 진 자들아 다 내게로 오라 내가 너희를 쉬게 하리라"

처음으로 이 말씀이 내게 직접 말을 거는 것 같았다. 나는 다시 울며, 난생처음 하나님께 진심으로 기도했다. "하나님… 당신이 정말 살아 계시고 저를 사랑하신다면, 저를 도와주세요. 저를 용서하시고 이 병에서 고쳐 주세요. 당신을 알고 싶습니다.”

그 순간 형언할 수 없는 평안이 찾아와 곧바로 암미교회에 나가기 시작했고, 글로리아 선교사님의 따뜻한 환영을 받았다. 간증을 듣고 찬양하며 매주 말씀을 배웠다. 그리고 마침내 내 삶을 온전히 그리스도께 드리기로 결심하고 세례를 받았다. 나는 하나님을 찾으러 한국에 온 게 아니었지만, 하나님이 나를 찾아오셨다. 놀랍게도 건강이 기적적으로 회복되어 교회 청소와 차량 운행으로 봉사했다. 나처럼 외로운 외국인들에게 그리스도를 전하겠다는 새로운 소명도 갖게 되었다.

몇 년 후, 나는 변화된 하나님의 사람으로 페루에 돌아왔다. 서울의 화평교회와 암미 목사님들의 지원으로 리마의 성서신학교에서 신학을 공부했다. 5년간의 신학 공부와 훈련을 통해, 나는 목회가 무슨 타이틀이 아니라 삶을 드리는 것임을 배웠다.

졸업하자 하나님은 나와 아내를 와사오(Huasao)라는 무당과 우상이 가득한 작은 시골 마을로 부르셨다. 흙벽돌로 지은 작은 교회에서 아이들을 위한 사역을 시작했다. 맨발에 손이 더러운 아이들이었지만, 예수님의 사랑을 들을 때 그들의 눈은 빛났다. 점차 어른들도 모이기 시작했고, 교회는 믿음 안에서 성장했다. 한 아이가 “저도 목사님처럼 성경을 가르치는 사람이 될래요”라고 했을 때, 나는 한 영혼의 귀한 가치를 깨달았다.

그 후 우리는 안다와일라스(Andahuaylas)라는 빈민 지역의 고아원에서 사역을 했다. 부모에게 버림받은 아이들의 상처를 마주하며 힘들 때도 있었지만, "지극히 작은 자 하나에게 한 것이 곧 내게 한 것이니라"라는 마태복음 25장 40절의 말씀을 붙들며 그들의 친구가 되어 주었다. 그곳에서 하나님은 우리에게 딸 아리스벳(Arisbeth, 하나님의 도우심)을 선물로 주셨다.

하지만 딸이 선천성 고관절 이형성증이라는 진단을 받아 또 한 번의 시련이 찾아왔다. 수술을 위해 리마로 갔지만, 코로나 팬데믹으로 모든 것이 멈춰 버렸다. 1년 넘게 수술을 기다려야 했지만, 우리 부부는 홍해를 가르신 하나님을 신뢰하며 기도했다. 결국 하나님은 길을 여셨고, 딸의 수술은 성공적이었다. 지금 일곱 살이 된 아리스벳이 뛰어노는 모습을 볼 때마다 나는 기적을 행하시는 하나님을 기억한다.

팬데믹과 딸의 건강 문제로 안다와일라스로 돌아가지 못하고 리마에 머물게 되었을 때, 잠시 하나님이 나를 잊으신 것은 아닌가 낙심하기도 했다. 하지만 2023년 말, 하나님은 나를 기독교 학교인 이레(Jireh)학교의 생활지도 교사로 부르셨다. 처음에는 반항하는 학생들 때문에 힘들었지만, 징계보다 사랑과 기도로 다가가자 아이들이 변하기 시작했다. "선생님, 저를 포기하지 않아 주셔서 감사해요"라는 말을 들었을 때, 나는 학교도 아주 중요한 사역지임을 깨달았다.

현재 나는 이 학교의 교목이자 교사로 섬기고 있으며, 학교 내에 세워진 샴마(Shammah)교회에서 믿지 않는 학부모와 학생들에게 복음을 전하고 있다. 교육 현장이 곧 희망의 장소가 될 수 있음을 매일 목격하고 있다.

하나님은 나의 모든 고난과 경험을 사용하여 다른 이들을 축복하고 계신다. 내가 이 간증을 나누는 이유 역시 하나님께서는 가장 어려운 곳에서도 그분의 가장 큰 은혜를 드러내실 수 있는 분이심을 알리기 위함이다. 암미교회에서 30년 동안 외국인들을 사랑으로 섬겨 오신 글로리아 선교사님, 그리고 많은 자원봉사자들께 깊은 감사를 드리며 그 헌신이 더 많은 영혼을 변화시키는 통로가 되길 기도한다.

10

놀라운 주님의 인도하심

역파송 선교사, 필리핀 **리노** 목사

나는 이주 노동자로 한국에 머물던 시절 암미교회의 전도를 받아 출석하게 되었고, 그곳에서 세례를 받았다. 한국에 있는 동안, 작업 현장에서 그만 불의의 사고로 오른쪽 손가락 세 개가 절단되는 큰 아픔을 겪었다. 하지만 암미교회 지체들의 따뜻한 격려가 있었기에 희망을 잃지 않을 수가 있었다.

2007년 나는 고향인 필리핀으로 영구 귀국하기로 결심했다. 그러자 당시 글로리아 목사님께서 내게 파송의 사명을 주셨을 뿐만 아니라, 암미교회에서 평신도 선교사 임명장(Layman Missionary Certificate)도 수여해 주셨다.

귀국 후 나는 복음을 전할 곳을 찾아다녔고, 마침내 누에바 비즈카야(Nueva Viscaya) 주의 카야파(Kayapa)라는 외딴 오지 마을에 정착했다. 그곳에서 나는 그들에게 생존을 위한 기술을 가르쳐 주면서 사역을 시작했다. 버디(Buddy) 목사님과 그 가족들은 그곳을 돕기 위해 헌 옷을 여러 포대 기증해 주었다.

2012년 9월에는 버디 목사님과 함께 연합 예배 형식으로 지역 공동체 모임을 인도했다. 집들이 띄엄띄엄 흩어져 있는 이 마을에는 심령술사들(Spiritualists)과 여러 토속 종교 집단이 있었다. 또한 그 지역 출신의 지도자를 둔 한 대형 종교 단체가 예배당 건물을 세워 활동하고 있었다.

그 후 그곳을 떠나 북루손 장로교단(Northern Luzon Presbyterian Church) 소속으로 오로라(Aurora) 주 디파쿨라오(Dipaculao)에 있는 교회를 담임하게 되었다. 그즈음 버디 목사님의 권유로 마라나타 신학교(Maranatha Theological Seminary)에 입학하여 목회학 석사과정을 밟았고, 매월 열리는 목회자 세미나에 참석하며 훈련을 받았다.

현재 네 개의 지교회(전도처)를 둔 바탈선교교회(Batal Mission Church)의 총괄 목회자로 섬기고 있으며 여러 지역을 순회하며 말씀을 선포하고 있다. 최근에 나는 위에서 언급한 버디 목사님에게 그 교회 선교사로 동역하고 싶다는 뜻을 밝혔다. 내게는 새로운 선교지를 개척하는 일에 남다른 열정이 있어서이다.

주변에서도 나는 누구와도 대화의 접점을 찾아내 소통하는 능력이 탁월하며 이야기를 아주 매력적으로 잘 풀어내는 훌륭한 이야기꾼이라는 말을 듣고 있다. 지나온 모든 길을 되돌아볼 때, 하나님의 절대적인 주권과 인도하심에 깊이 감사드리며 모든 영광을 하나님께 올려 드린다. 여기에 더하여 암미선교회의 30주년을 진심으로 축하하고 싶다.

11

자이 머시흐 끼!

역파송 선교사, 인도 **사키** 목사

나는 인도의 베람뿌르베뜨에서 성도의공동체교회(Assembly of Believer, 구 암미교회)를 섬기는 목사 구루박싱 바뜨(사키)이다. 나의 가족과 우리 교회 성도들 모두로부터 인사를 나눈다. "자이 머시흐 끼!"* 글로리아 목사님의 암미교회가 30주년을 맞이하게 하시고 성장시켜 주심에 하나님께 감사하고 축하드린다.

나는 2000년에 한국에 일을 하러 갔었다. 장현 가까이 벼락소에서 일을 하면서 암미교회에 나가기 시작했다. 힌두교도였기 때문에 처음에는 조금 어색하고 낯설었지만, 주일이면 계속 교회를 나갔고 말씀에 대해 더욱 깊이 알아 갔다. 글로리아 목사님의 설교와 한국인 성도들의 따뜻한 섬김에 계속 교회를 다녔다. 그때 글로리아 목사님이 내게 힌디 성경을 주서서 그 말씀을 읽기 시작했는데 내 마음에 깊은 감동을 주었다.

---

* 자이는 승리, 머시흐는 메시아, 끼는 do 동사의 과거로 이미 예수님이 승리하셨음을 의미하는 기독교인들 간의 인사이다.

2004년에 3년 동안의 일을 마치고 인도로 돌아왔다. 우리 마을에는 교회가 없었기에 내가 운영하는 상점에서 계속 말씀을 읽었다. 성경을 세 차례 이상 읽었을 즈음, 2007년에 한국에서 온 여선교사 두 분을 만나서 우리 가족 5명과 함께 가정 교회를 시작했다.

2013년에 사업을 정리하고 신학을 공부하면서 2014년에 베람뿌르베뜨(로뿔 지역에 속한 다소 큰 마을)에 있는 내 소유의 밭에 교회를 건축했다. 예배당과 사무실, 그리고 예배당 옆 공간을 성도들의 코이노니아와 성탄·부활절 프로그램 진행, 그리고 믿지 않는 이웃을 초대해 주님을 전하는 공간으로 사용했다.

우리는 뜨거운 햇빛으로 인해 어려움이 있었음에도 서로 기쁘게 교제를 했다. 교회에서의 첫 예배는 2014년 9월 8일에 드렸다. 아내를 비롯하여 주위에 함께 사는 친척들 간의 반대와 갈등에도 불구하고 우리 지역에 첫 교회기 세워졌다.

가끔 조카들도 참석하고 한국에서 함께 일했던 형제들도 찾아왔지만, 예베가 아닌 구경만 하고 돌아가곤 했다. 어느 날 고등학교 3학년인 막내딸이 학교에서 돌아오자마자 의식을 잃어 편잡 주 수도 찬디갈 병원 응급실에 실려 갔다. 3일 동안 의식이 돌아오지 않았고, 모든 검사에도 아무 이상이 없어 막막한 상황이었다.

친척들은 기독교 예배 때문이라고 했다. 빨리 힌두 사원에 가서 뿌자(힌두식 예배)를 드리라고 하여 주일예배도 드리기가 어려웠다. 3일 후 깨어난 딸은 의식이 없는 동안 계속 악몽에 시달렸다고 하며, 성경과 찬송가를 달라고 했고 건강에는 아무 이상이 없이 퇴원했다. 그 이후 우리 가족들은 더욱 열심히 예배를 드렸고 말씀을 더 사모하게 되었다.

놀랍게도 우리 가족 5명으로 시작한 교회는 이제 100~150여 명의 성도들이 예배에 참석하고 있다. 예배당이 좁아 밖에 서서 예배를 드릴 때도 있다. 청년들과 교인들이 음향 시스템과 함께 드럼, 기타, 캐시오 등 악기들도 준비해서 찬양을 드린다. 나의 아내도 이제는 반대가 아닌 인도 악기로 열심히 하나님께 찬양을 드리며 나의 가장 큰 동역자가 되었다. 며느리는 찬양 인도에 앞장서 열심히 하나님께 경배를 드리고 있고, 아들 역시 교회 청년들과 함께 교회를 섬기고 있다.

교회는 서서히 계속 성장하고 있다. 많은 사람이 주님을 영접하였고 성도들이 많아져서 교회를 증축하여야만 했다. 이 소식을 들은 한국 암미교회 한 권사님이 도움을 주셨다. 현재 예배를 드리고 함께 식사(낭갈)를 하고 교제를 하는 건물을 짓고 있다. 정부에서 모래 판매를 막고 있고, 자재도 비싸져서 완성은 못했지만 하나님께서 완성할 수 있는 축복과 은혜도 주실 것을 믿고 기도하고 있다.

나는 늘 잊지 않고 암미교회에서 말씀을 들은 때를 추억하며 기도하고 있다. 또한 암미교회 목사님과 장로님 그리고 모든 성도들에게 감사하고 있다. 우리 교회와 가족, 성도들을 위해 늘 기도해 주시고 도움을 주심에 감사드린다.

하나님께서 내게 주신 마음이 있다. 인도에는 부모를 못 모시는 경우가 많다. 모시기를 원치 않아 방임하는 경우도 있고, 너무 가난해서 부모를 버리는 경우도 있다. 하나님께서는 가난한 자를 돕고 섬기며 그들을 천국으로 인도하라는 마음을 주셨다. 노인들을 섬기는 일에 대해 오래전부터 마음을 뜨겁게 주시기에 기도하며 계획하고 있다. 이 일을 위해 기도를 부탁드린다.

다시 한번 글로리아 목사님의 사랑과 헌신으로 이룬 암미선교회 30주년을 축복하며 감사드린다. 특별히 글로리아 목사님 건강하시고 장수하시기를 기원한다. 우리 교회와 가족 모두가 암미교회 모든 성도에게 큰 소리로 인사한다.

"지이 미시흐 끼!"

12

마태복음과 사도행전을 품고

협력 파송, 캄보디아 **황철진** 선교사

암미선교회가 30주년을 맞이하게 됨을 축하드리며, 김영애 목사님께서 암미선교회를 이끌어 오심에 대해 깊은 존경의 마음을 보낸다. 무엇보다 한국에 거주하는 이주민들을 훈련하여 본국에 돌아가 복음을 전하는 사역을 하도록 세우는 일은 선교지에 있는 선교사들의 사역 못지않게 매우 가치 있는 사역이라고 여겨진다.

김영애 목사님은 어릴 때 성경을 가르쳐 주신 나의 스승이기도 하다. 무엇보다 암미의 사역에도 많은 재정이 필요할 텐데, 우리에게 매월 후원하시고 때때로 돼지 저금통을 털어 보내 주시니 그저 감사할 뿐이다.

아내 이미경 선교사와 함께 현재 캄보디아에서 해피비전센터 사역을 하고 있다. 2011년 초에 시작한 우리의 사역은 열 살 미만의 아이들이 대상이다. 대부분 고아, 편모 가정 자녀, 극빈자 자녀, 목회자 자녀들인데 함께 살면서 하루 두 번의 예배를 드리며 성경을 가르치는 일에 힘써 왔다.

아이들 대부분은 도심에서 5~12시간 이상 걸리는 시골 오지와 밀림에 살고 있다. 하루 한 끼 식사조차 제대로 하지 못하고 학교를 다니기 어려운 아이들이다. 이 아이들이 센터에 오면 하루 세 끼 식사를 하고 학교에 다니고 하루 두 번 예배를 드리면서 하나님에 대해 알게 된다.

불교가 삶이 된 이 땅의 아이들에게 복음을 전하기란 쉽지 않아서 매일 두 번의 예배 시간을 통해 집중적으로 말씀을 가르쳤다. 만 15년 동안 300여 명의 아이들이 해피하우스에 살다가 고등학교를 졸업해 떠나기도 했는데, 대부분 100여 명의 아이들과 함께 살았다.

많은 아이들이 그리스도인으로서 비전을 품고 희망을 키워 나가고 있다. 2024년에 2명이 대학을 졸업하여 은행에 취업했다. 2025년에는 5명이 졸업을 했고 4명이 대학에서 공부하였다. 2026년에는 1명이 대학에 들어가고, 2명은 중도에 포기하고 취업했다.

대학을 졸업하면 각자 자신에게 주어진 달란트에 따라 주의 일을 감당하고, 직장에서 복음을 전하는 신실한 성도로서 살아가기를 기도하고 있다. 이런 결실로 5명이 주의 종이 되어 사역하고 있으며, 사역을 준비하는 아이들은 하루 두 번의 예배 외에 3시간 성경 읽기, 30분 이상 기도하기, 30분 이상 찬양하기, 1시간 이상 말씀 공부를 하면서 사역을 위해 훈련하고 있다.

더 많은 아이들이 이곳을 통해 하나님의 자녀로서의 삶을 살아가기를 소망하면서 최선을 다하고 있다. 우리 사역의 중심은 마태복음 6장 33절과 28장 18~20절, 사도행전 1장 8절을 바탕으로 하고 있다.

"그런즉 너희는 먼저 그의 나라와 그의 의를 구하라 그리하면 이 모든 것을 너희에게 더하시리라"(마 6:33)

"예수께서 나아와 말씀하여 이르시되 하늘과 땅의 모든 권세를 내게 주셨으니 그러므로 너희는 가서 모든 민족을 제자로 삼아 아버지와 아들과 성령의 이름으로 세례를 베풀고 내가 너희에게 분부한 모든 것을 가르쳐 지키게 하라 볼지어다 내가 세상 끝 날까지 너희와 항상 함께 있으리라 하시니라"(마 28:18~20)

캄보디아 해피비전센터 아이들과 함께, 황철진 이미경 선교사

"오직 성령이 너희에게 임하시면 너희가 권능을 받고 예루살렘과 온 유대와 사마리아와 땅끝까지 이르러 내 증인이 되리라 하시니라"(행 1:8)

다시 한번 암미의 30주년을 축하하며 더욱더 하나님의 사랑과 은혜를 힘입어 더 많은 사람들에게 복음을 전하는 선교회가 되기를 기원한다.

13

낮은 곳에 임하시는 하나님

동역자, 소망교회 **김양자** 권사

서른 살의 암미! 아직 젊음의 열기로 뜨거우면서도, 성숙의 책임감으로 깊어져 가는 나이 서른. 그 세월의 길목에서 만난 글로리아 김영애 선교사님을 떠올려 본다. 막막하기만 했던 이슬람 선교를 향한 그분의 순수한 열정, 그리고 처음 마주했을 때의 부드럽고 따뜻한 인상은 내게 큰 감동으로 다가왔다.

한때 내 마음속 반짝이는 작은 별 같았던 암미. 선교회 초기, 내 신앙도 젊고 풋풋하던 시절에는 장현리 암미를 숱하게 오가며 기쁨을 나누곤 했다. 이후 오랜 시간 마음으로만 응원해 오다, 서른 살이 된 암미를 축하하는 마음으로 지극히 사적인, 그러나 소중한 기억의 조각들을 하나둘 되살펴 본다.

숭고한 식탁 공동체

"나그네를 사랑하여 그에게 떡과 옷을 주시나니"(신 10:18)라는 말씀 외에는 외국인 근로자 선교 분야가 생소하기만 하던 시절,

교회 여전도회 권사님들과 함께 처음 암미를 찾았던 날이 생생하다. '장현제일교회 교육관'이라는 팻말이 붙은 작은 온돌방에 옹기종기 모여 앉아 있던 동남아 젊은이들. 그들의 순한 눈매와 어색한 표정이 참 인상적이었다.

한창 식욕 왕성한 아들 또래의 청년들에게 엄마의 마음으로 '먹이는 사역'을 할 수 있었던 것은 얼마나 귀한 은혜였는지. 햄버거와 샐러드, 콜라로 시작해 차츰 밥과 잡채, 김치와 나물로 메뉴를 늘려 가던 과정은 내게도 큰 즐거움이었다. 먹이는 일이야말로 참으로 숭고한 하늘의 선물임을 깨닫던 시간들. 봉사를 마치고 돌아오는 길은 늘 식탁 공동체의 기쁨으로 충만했고, 차 안 가득 찬양이 울려 퍼지곤 했다.

광릉숲 야외 예배의 추억도 떠오른다. 암미 식구들을 실어 나르며 우여곡절도 많았지만, 모두가 소풍 온 아이들처럼 즐거워하며 말씀을 듣던 모습에서 봉사의 보람은 더욱 깊어졌다.

이후 김영애 선교사님을 소망교회 제5여전도회 월례회 강사로 모시게 되었고, 이를 계기로 암미선교회 지원이 여전도회의 고정 사업이 되었다. 특히 매달 마지막 주일을 '암미 생일잔치 봉사의 날'로 정해 10여 년 넘게 대를 이어 봉사해 온 시간은 우리에게도 큰 축복이었다.

예배실 침수와 기적 같은 응답

1999년 여름, 거센 홍수로 암미교회가 물바다가 되었던 난감한 기억이 지금도 선명하다. 복구의 과정도 험난했지만, 선교사님과 암미 가족들, 그리고 봉사자들의 가장 간절한 기도 제목은 '지상 예배당'을 허락해 달라는 것이었다. 연약한 자들의 기도를 외면치 않으시는 하나님의 놀라운 능력은 우리 모두를 놀라게 했다. 지상 예배당을 위한 종잣돈이 마련된 그 일은, 평범한 인간의 생각을 뛰어넘는 신묘막측한 방법으로 주어진 기적의 선물이었다.

그 기도 응답은 2003년 선교센터 부지 매입이라는 결실로 이어졌고, 나 또한 작은 벽돌 한 장의 마음을 보탤 수 있었다. 착공 과정에서 끝없는 시험과 고비가 있었지만, 눈물 어린 헌신과 기도로 마침내 아름다운 선교센터가 세워졌다. 멀리서 지켜본 내게 그 모든 과정은 기적 그 자체였다. 2005년 봄 입당 감사 예배를 드릴 때 느꼈던 그 뜨거운 감격이 지금도 가슴을 뛰게 한다.

오병이어의 기적

밀레니엄의 서막이 오르던 2000년 즈음, 또 하나의 오병이어 같은 사건이 있었다. 수요예배를 마치고 나오던 길에 제5여전도회에서 함께 동역했던 권사님 한 분을 만났다. 늘 구제와 봉사에 앞장서던 그분은 "권사님, 좋은 일에 쓰려고 지원금을 조금 들고 다녔는데 자꾸 그냥 써 버리게 되네요"라며 수줍게 인사를 건넸다. 그날 밤늦게까지 전화로 통화하며 봉사 이야기와 암미의 소식을 전했다. 그런데 처음에 30만 원 정도로 생각했던 마음이 대화 중에 2천만 원이라는 큰 정성으로 바뀌는 놀라운 역사가 일어났다.

당시 선교사님은 갓 입국한 근로자들이 일터를 찾기 전 잠시 머물 '쉼터(Shelter)'가 절실하다고 하셨다. 장현리 근처는 시세가 너무 높아 걱정이었으나, 다행히 두 정거장 거리의 연립주택 1층을 매입해 암미의 새 식구들을 위한 깨끗한 공간을 마련할 수 있었다. 선교사님의 첫 사역지였던 사랑의교회 성도들이 매주 쉼터 청소와 세탁 봉사를 도맡아 주었다. 이 공간은 2005년 선교센터가 완공되기까지 수많은 나그네를 품어 주는 귀한 안식처가 되었다.

그분의 손길이었음을

외국인 근로자들과 함께하는 삶은 끝없는 문제의 연속일 텐데, 언제나 해맑은 미소로 화답하시는 선교사님을 뵈면 존경심이 절로 우러난다. 하나님께서 특별히 천사의 DNA를 그분의 심장에 심어 두신 것은 아닐까 생각할 정도이다.

시도 때도 없이 터지는 고단한 문제들과 씨름하면서도 작은 보람에 아이처럼 기뻐하시는 분, 모든 것이 주님이 하신 일이라며 늘 감탄하시는 분. 그분은 이제 어려움 속에 맺은 믿음의 제자들을 찾아 지구 반대편까지 누비며 현장을 돌보고 계신다.

기쁨과 눈물이 교차했던 30년의 세월. 이제 서른 살의 암미가 청춘의 열정 위에 성숙의 깊이를 더해 새로운 도약의 발걸음을 내딛기를 기도한다. 부족한 기억의 조각들이나마 암미를 향한 찬사와 사랑을 고백한다.

14

가족이 하나 되는 복

동역자, 헤브론교회 **박상록** 권사

오래전 김영애 선교사님이 사랑의교회 전도사로 재직하고 계실 때, 나는 초신자로 그 교회에 등록했다. 당시 새신자반 담당 전도사님였던 선교사님은 성실과 진심으로 신앙 교육을 해 주셨고 덕분에 나는 큰 어려움 없이 교회 생활에 안착할 수 있었다.

특히 옥한흠 목사님과 김영애 전도사님이 인도하시던 제자 훈련 프로그램은 아무것도 모르는 평신도였던 나를 깨워 주었다. 그 훈련을 통해 하나님과 동행하는 삶을 배우며, 인생의 여러 어려움과 고난을 헤쳐 나갈 힘을 얻을 수 있었다.

그러던 중 전도사님이 사임하셨다. 이후 어디서 사역을 하시는지 늘 궁금했지만, 분주한 생활 속에 생각만 하던 차에 남양주시 장현리에서 외국인 근로자들을 섬기고 계신다는 반가운 소식을 들었다. 나는 단숨에 달려가 전도사님을 뵙고, 그때부터 암미선교회와 인연을 맺게 되었다.

처음 그곳에 갔던 날, 소망교회 여전도회 팀이 와서 식사 봉사를 하는 것을 보고 스스로 질문을 던졌다. '김영애 전도사님은 사랑의교회 출신인데, 다른 교회 성도들이 와서 섬기고 계시는구나. 나라도 한 주 정도는 식사 봉사를 해야 하지 않을까?' 그렇게 용기 있게 시작은 했지만, 당시 컴퓨터 학원을 운영하며 가스 불도 잘 켜지 못했던 내가 음식을 만드는 주방 일을 잘할 리 만무했다. 그저 소박한 집 반찬 몇 가지에 삶은 계란이 단골 메뉴일 뿐이었다.

그런데 암미에서의 그 식사 봉사 경험이 나중에 음식점을 운영할 용기로 이어질 줄은 정말 몰랐다. 이를 계기로 멀리 충남 태안으로 내려가 식당을 시작하게 된 것이다. 식당 일을 손에 익히고 나니, 한 달에 한 주 암미에 가서 당당하게 멋진 음식상을 차려 내며 기쁨과 보람이 점점 커져 갔다.

무엇보다 신기한 것은 암미의 일이라면 온 가족이 하나가 되어 열심을 내는 모습이었다. 남편은 기꺼이 시장에서 장을 봐 주었고, 아들 내외는 내가 바쁘고 힘들 때마다 나를 대신해 암미 식사 봉사를 담당해 주었다. 딸들도 물질과 시간으로 동참해 주었다. 온 가족이 힘을 합해 암미의 주일 식사를 준비하며, 우리는 오히려 힘들고 어려운 현실의 상황을 이겨 낼 에너지를 얻곤 했다. 암미 사역을 통해 우리 가족이 하나 되는 복을 누리게 된 것이 얼마나 감사한지 모른다.

식당을 운영하니 아무리 규모가 큰 수련회 식사라도 넉넉히 감당할 수 있게 된 것 또한 감사하고 뿌듯한 일이었다. 충남 서산 운산 지역의 수양관에서 추석 수련회를 할 때였다. 저녁 시간에 정성껏 진수성찬을 차려 놓자, 만리포에서 수영을 즐기고 온 암미의 외국인 지체들이 얼마나 맛있게 식사를 하며 좋아하던지. 그 행복했던 분위기는 지금까지도 내게 귀한 기쁨의 추억으로 남아 있다.

이처럼 암미를 섬기는 동안 하나님은 우리에게 더 큰 복을 부어 주셨다. 식당 일을 시작하기 전 안고 있던 많은 부채를 모두 상환하게 해 주셨을 뿐 아니라, 재정적으로도 암미를 이전보다 더 잘 섬길 수 있도록 여건을 열어 주셨다. 그러다 보니 올해 들어 부족한 내가 암미의 이사로 추대되는 특별한 일도 있었다.

어느덧 30년의 세월이 흘렀다. 암미는 각국에서 들어오는 나그네들의 발길을 인도하여, 하나님의 계획대로 그들을 복음의 군사로 무장시켜 본국으로 파송하는 이주민 선교의 핵심 거점으로 성장했다. 직접 선교지에 나가는 것도 중요하지만, 국내에 들어와 있는 이방 나그네들에게 복음을 전하고 신앙 훈련을 시키는 이 귀한 사역에 몸담고 있다는 사실이 참으로 감사하다.

15

굽은 나무가 선산을 지키듯

동역자, 새움교회 **이재우** 목사

"굽은 나무가 선산을 지키고, 못난 자식이 효도한다"라는 말이 있다. 김영애 선교사님에게 내가 꼭 그런 위인이다. 특히 암미 선교회 30주년 기념 책자 발간에 한해서는 더욱 그렇다. 나와 새움교회는 암미선교회의 거룩한 여정에 스무 해 가까이 동행하였다. 서로 손을 잡고 걸을 때도 있었으나, 거의 모든 해와 달을 위문편지 써 보내듯 우정의 표시로 미소를 보내고 손뼉을 쳐 주는 정도가 다였다.

암미의 큰손이 되어 주고 든든한 뒷배가 되어 준 개인과 지교회가 적지 않은 줄 안다. 그들은 지금도 많은 이들을 살피며 도와주느라고 책상 앞에 앉아 글 쓸 짬을 내기 쉽지 않은 데다 겸손하기까지 하여, 못나고 게으른 나에게 벌인 듯 상인 듯 글을 쓰라는 명이 떨어진 것이리라.

"목사님, 목사님의 글이 무척 재미있어요." 평범하고 상투적인 인사말이면 어떠랴! 그런 말씀을 들으니 나는 무척이나 감사하고 기뻤다. 긴 세월 끊어질 듯 말 듯, 가늘게 이어진 협력의 끈을 그저 가만히 잡고만 있었던 나와 우리 교회는, 아무리 보아도 선교 협력의 질과 양으로 볼 때 '굽은 나무'요 '못난 자식'이다.

오래전 나와 새움교회는, 우리가 속한 예장통합 서울동노회 선교·통일·인권위원회가 본 교회에서 연 세미나에 김영애 선교사님을 강사로 모신 일이 계기가 되어 그때부터 장년 교우들과 청년들을 데리고 선교회의 예배와 특별 행사에 참여하게 되었다. 후에 안 일인데 암미선교회는 책임 있는 후원처 한 곳 없이, 주로 협력 선교로 동참하는 교회들과 개인 후원자, 그리고 소수 자원봉사자들에 의해 운영되고 있었다. 이주 노동자 협력 선교의 모델 중의 모델이다.

오갈 데 없는 젊은 필리핀 노동자 노엘을 주님의 마음으로 주목한 김영애 선교사님의 거룩한 열정으로 시작된 때가 1995년 12월 24일, 이른바 크리스마스이브 날이었다. 이주 노동자 5명과 함께한 성탄 축하 자리, 그 자리가 암미의 이주 노동자 선교의 첫 장이 되었다.

오직 주님만 의지하고 나아갈 뿐, 세상 무서운 줄 모르고 무모하게(?) 뛰어든 선교사님의 인상은, 내가 오래전 한겨울 철원 평야에서 본 흰 두루미 같다고 할까, 빨갛게 언 얼굴로 머리에 흰 눈을 인 채 떨고 있는 한 송이 장미꽃 같다고나 할까. 아무튼 그런 그의 용맹스러운 전투 행위에 지속적으로 풍부한 병참을 제공하겠다고 나선 부대가 하나도 없음에도, 복음의 전령을 자처하며 하나님 나라 최전선에 뛰어든 그는, 이주 노동자들에게 부드러운 마리아요 용맹한 잔 다르크였다.

나는 나 자신에게 '교회는 무엇인가?'라며 묻고 또 물으며 목회를 했다. 마흔다섯 해나 계속한 물음이다. "교회는 그리스도의 몸이요, 만물 안에서 만물을 충만케 하시는 분의 충만함입니다."(엡 1:23, 새번역) "여러분은 그리스도의 몸이요, 따로 따로는 지체들입니다."(고전 12:27, 새번역) 사도신경의 네 번째와 다섯 번째 고백은 "거룩한 공교회와 성도의 교제를 믿는다"는 것이다. 이것들은 지금껏 내가 붙들고 묵상한 말씀이며, 끝없이 곱삭히며 쏟아 낸 고백이다. 나는 이런 말씀과 고백이야말로 지역 교회와 선교 단체가 서로를 바라볼 때 길잡이로 삼아야 할 말씀과 고백이라 본다.

나는 신학도 이전에 농학도의 한 사람이었다. 지금도 나는 신학도요 농학도이다. 농학도인 나의 눈에 교회는 한 그루의 거대한 나무와 같다. 영원 속에서 만물을 충만하게 하는 나무, 두 그루가 아니다. 오직 '예수 그리스도'라는 나무 하나가 있을 뿐이다. 예수 그리스도가 한 분이듯, 교파와 교단과 상관없이 교회는 하나다. 이것이 선교에 임하는 모든 교회와 성도가 그 모든 경계를 넘어서야 하는 근거가 아닐까?

나무가 청청한 빛을 유지하며 제구실을 잘 감당하려면, 다양한 강도의 빛과 적당한 양의 물과 바람과 거름, 그리고 헤아릴 수 없이 많은 크고 작은 생물의 조력이 필요하다. 나무 곁을 오가며 건네는 "거 참 근사한 나무네!" 이 한마디에도 나무는 춤을 춘다. 질 좋은 거름 한 짐 넣어 주고 튼튼한 지주를 세워 주면 그 은혜를 어떻게 잊겠으며, 삼십 배 육십 배 백 배로 열린 열매를 거두실 주님의 기쁨은 또 무엇에 비길 수 있으랴!

그뿐만 아니라 나무는 밤낮을 가리지 않고 웃으며 팔을 벌리고, 축복에 축복을 쉬지 않으리니, 어떤 모습으로 얼마만큼을 나누든, 하나님 나라 최전방 선교 사역에 눈길을 주고 손을 뻗는 일은 참 아름답고 복된 일이다. 그렇지 아니한가?

16

나그네를 선대하라

동역자, CCM 작곡가 **주숙일** 장로*

"한국에서 생활하는 동안 받은 수많은 상처가 당신의 관심과 사랑으로 모두 치유되어 더 이상 한국을 미워하지 않고 돌아갈 수 있게 되었습니다."

가끔 성가대 지휘와 찬양 사역에 대한 미련이 떠오를 때가 있다. 그러면 나는 동두천 지역에서 불법체류자로 생활하던 나이지리안 형제 지미가 자진 귀국하며 나에게 남긴 마지막 이 한마디를 생각하며 미련을 떨쳐 버린다.

사실 나는 성경 통독은 많이 했지만, 찬양의 의미와 회복 그리고 찬양의 생활화에 대한 하나님의 뜻은 알려고 무척 힘썼지만, 이 시대 나그네들에 대한 하나님의 깊은 사랑에는 거의 관심이 없었다(레 19:33~34, 신 24:19~22). 그런데 90년대 말 과로로 쓰러져 모든 활동을 중단하고 요양을 하던 중에 하나님은 나에게 나그

* 이 글은 할렐루야교회(경기도 성남시 분당구 야탑동 소재) 회보 통권 630호에 게재된 글이다.

네들을 향한 주님의 마음이 어떠하신지를 아주 분명히 알게 해 주셨다.

나아가 오늘날 그 나그네가 바로 내 주변에 있는 수많은 이주 노동자와 다문화 가정을 이룬 여성들이며 그 숫자가 실로 엄청나다는 사실을 확실히 알게 해 주셨다. 우선 경기도 북부 지역에 거주하는 이주 노동자들의 현황과 아울러 그들과 함께하는 선교 기관이나 교회의 실태를 나름대로 파악해 보았다. 그랬더니 대부분 열악한 환경에서 몇몇 목회자들이 소수의 봉사자들과 고군분투하는 것을 알 수 있었다.

지금은 이주 노동자 대부분이 합법적인 신분이고, 또 국가에서 지정한 다문화센터가 전국에 고루 분포되어 있어서 원하는 사람은 누구나 한국어를 배울 수 있으며, 어려운 문제가 있으면 도움을 요청할 수가 있다. 하지만 그때는 지금과는 정반대로 대부분이 불법체류지 신분이어서 죽노록 일하고서도 악덕 업주의 횡포에 대항하여 자신의 권리를 주장하지 못하고 눈물만 흘리는 경우가 허다했다. 그 모습들을 보니 그들과 함께하고 싶은 강한 열망이 생겨났다.

그래서 나는 그동안 그토록 좋아했던 성가대 지휘와 찬양 강의 사역자 직분을 내려놓고 나그네들의 예배 공동체 일원이 되었다. 그러나 사실 나는 전임 사역자가 아니기 때문에 외국인 선교 현장에서 어떤 대단한 일을 하는 것은 아니다. 그저 그들과 함께하며 대부분 허드렛일을 하고 있다.

초기에는 우리 가족 모두가 한국어를 가르쳤다. 지금은 안내와 헌금 계수를 하며 그들의 안부와 형편을 살피고, 코로나로 중단되기 전까지 십수 년 동안 후원 교회에서 반찬을 준비해 주면 80여 명 분의 쌀을 씻어 밥을 짓는 밥 담당이었다. 종종 방문자들이 내가 쌀 씻는 모습을 보고 왜 지휘하던 손으로 밥을 짓고 있느냐고 묻는데 나는 그런 말을 들을 때마다 이것 또한 하나님이 기뻐하시는 찬양 생활이 아니겠느냐고 대답한다. 내 아내는 화장실 청소와 주방 관리를 하며 헌금 계수를 돕고 있다.

비록 우리 부부의 섬김이 전문적이지는 않지만 그러나 이것도 나그네들을 향한 사랑과 자기희생, 인내가 없으면 결코 쉬운 일은 아니다. 왜냐하면 매주 먼 거리를 다녀야 하고 무엇보다 예배 후에 동년배 교우들과 나누던 달콤한 성도의 교제를 다 포기해야 하기 때문이다.

예수님의 마지막 지상 명령대로(마 28:19~20) 우리 모두가 다 해외 선교사로 나갈 수는 없지만 이미 우리 곁에 와 있는 수많은 나그네들에게 마음 문을 열고 다가간다면 하나님이 얼마나 기뻐하실까? 한국이 언제까지 이주 노동자들의 기회의 땅이 될지 알 수 없으므로 한국 교회가 부디 이 좋은 기회를 놓치지 말았으면 좋겠다.

17

하늘의 별을 딴 기분이야

동역자, 명수대교회 **김금자** 권사

오래전 우리 교회 여전도회에서 월간지『새가정』책을 구독했는데 기사 가운데 "살며 믿으며"라는 제목으로 한 선교사의 글이 올라와 있었다. 바로 암미선교회 김영애 선교사님의 글이었다. 연거푸 두 번을 읽어 보니 남양주 장현에서 외국인 노동자들에게 복음을 전하는 선교 단체인 것을 알게 되었다. 고아와 과부와 나그네를 특별히 사랑하라고 하신 하나님의 말씀에 순종하여 여자의 몸으로 선교 사역을 감당하고 계셨다.

무턱대고 찾아갔더니 선교사님이 계시지 않았다. 다만 지하 건물에 위치한 암미선교회를 알게 되었다. 그 후 몇 년이 지난 뒤, 추석 수련회를 어느 기도원에서 한다고 하기에 봉사자들이 함께 갔다. 식사 준비, 간식 준비 등 모든 것을 기쁘게 또 재미있게 감당했다. 우리 명절인 구정과 추석에 암미의 외국인들은 갈 곳이 없지 않은가? 그래서 사랑을 무한대로 실천하고 있는 선교사님이 마련한 잔치였다. 그 후로 수련회는 구정과 추석에 하는 행사로 오늘까지 이어지고 있다.

언젠가 암미선교회 12월 창립 기념 예배에 참석한 적이 있다. 예배가 끝나고 광고를 들으며 암미선교회의 어려운 상황을 알게 되었다. 하나님께서 내 마음에 울림을 주셨다.

몇 년 후 후원 헌금을 보냈더니 반가워하는 선교사님의 전화가 왔다. 이 고난 주간에 하나님께서 우리 암미에 선물을 주셨다며 동그라미를 세고 또 세어 보았다고 했다. 그때가 사순절 기간이었나 보다. "네, 하나님께서 하셨습니다"라고 대답했다. 필리핀, 인도, 페루, 이란 등의 지체들이 복음을 영접하고 세례를 받았다며 그들을 위한 기도를 부탁할 때 "하늘의 별을 딴 기분이야"라고 하신 말씀이 아직도 기억에 남아 있다.

재작년 12월에는 필리핀 현지에서 수련회가 있었다. 몇 시간씩 차로, 또 며칠을 걸어서 수련회에 참석한 믿음의 장부들. 조위, 봉, 리노, 바디 등 암미의 지체들이 선교사님을 통해 기쁨과 행복이 넘치는 수련회를 가졌다. 그때도 선교사님은 내가 조금 드린 헌금이 그렇게 요긴했다며 고마워하셨다.

내가 알기로 인도의 사키 목사님, 페루의 파블로 목사님은 암미에 와서 복음을 듣고 주님의 종이 되어 조국으로 파송된 암미의 선교사님들이다. 두 분 선교사님에 대한 행복한 부담이 늘 나의 마음속에 있다. IMF의 시련의 파도가 암미에도 몰려왔다. 암미를 통해 파견된 선교사님들에게 선교 후원금을 보내던 국내

교회들이 형편이 어려워 후원을 끊는다는 선교사님의 한숨 섞인 전화를 받았다.

들는 순간 "하나님께서 준비하십니다!"라고 했다. 몇 년 전 사키 목사님이 당신의 밭에 교회를 세운다는 소식을 듣고 놀랐다. "제가 잊고 있으니 하나님께서 하셨습니다. 부끄럽고 죄송했지만, 저도 함께하고 싶습니다"라고 했더니 하나님께서 허락하셨다. 힌두교도들만 있는 그곳에 사키 목사님을 사용하셔서서 성전의 터를 넓혀 주시고, 하나님께만 예배하는 자녀들을 넘치게 채워 주심을 감사 찬송한다. 하나님의 예정 가운데 김영애 선교사님을 통해 역사하시는 하나님께 영광을 돌리며 부족한 이 여종에게도 암미선교회와 동역하는 기쁨을 주셔서 감사드린다.

18

배밭에 피어난 은혜

동역자, 빛과소금교회 **김명숙** 권사

암미선교회 김영애 선교사님은 나와 친척 관계로 큰집의 사촌 언니이다. 감사하게도 내 나이 열일곱 살 때 전도해 준 선교사님 덕분에 예수님을 믿게 되었다. 현재 교회 직분은 권사로 항상 암미선교회를 위해 기도하고 있다. 나의 삶에서 그리스도가 존귀케 되는 삶을 추구하고 있기에 암미선교회 30주년을 맞이하여 부족하지만 간증을 할 수 있음에 감사드린다.

경기도 남양주시에서 살면서 남편과 함께 오랜 세월 배 농사를 해 왔고, 오직 그 일을 천직으로 여겼다. 그런데 그만 딸이 초등학교 5학년 때 남편이 소천해 앞이 캄캄했다. 남편은 학구열이 높아 배 농사에 관련된 연구로 석사학위까지 받았다. 또 실제로 중국의 청배와 우리 먹골배를 교접하여 모과처럼 생긴 맛있는 여름 배를 만들기도 했다. 다만 몇 그루 배나무에서만 그 배를 맛볼 수 있게 되었을 뿐, 그 새로운 품종의 배를 상품화하지는 못하고 떠났다.

남편의 소천으로 정신이 없을 때 빌립보서 4장 6절의 말씀이 눈에 들어왔고, "늘 깨어서 기도하라 내가 너와 함께할 것이다"라는 주님의 음성을 들었다. 이제 남편도 없으니 생업으로 떡볶이 장사나 해야겠다 생각하고 있었을 때, 딸이 이렇게 말했다. "엄마, 떡볶이 장사로 어떻게 나를 키워. 그냥 아빠가 하던 배 농사를 엄마가 해 봐!"

마침 그때는 5월이라 배꽃을 접붙이는 시기였다. 그래서 급하게 그 일을 혼자 해냈는데 다음 순서로 계속 이어져 와 지금까지 배밭 일을 하고 있으니 하나님의 은혜가 아니고 무엇이랴! 물론 오랜 세월 남편과 같이 배밭에서 일을 한 덕분이기도 하다. 사실 배 농사 일이 내게는 너무 힘들다. 그래서 늘 기도하며 찬송하며 하고 있다. 사람들이 우리 배가 맛있다고 하는데 사실 맛있는 배가 되도록 내가 얼마나 기도를 많이 하는지 모른다.

하나님은 일꾼이 필요할 때 사람들도 보내 주시고 매사에 지혜도 주신다. 그래서 우리 배가 맛과 모양이 뛰어나 가락시장 경내에서 항상 경기 북부 지방의 일등품이 되고 있다. 그리고 배 수확 철이 되면 암미선교회에서 주문이 오는데 그 일이 얼마나 기쁘고 보람 있는지 모른다. 나도 배 농사를 통해 주님께 쓰임을 받고 있다는 사실 때문이다.

오래전 어느 해는 배 농사가 제대로 되지 않았다. 도무지 상품으로 팔기가 곤란한 형편에서 스쳐 가는 생각이 있었다. '이 많은 배를 팔지 못할 형편이 되었으니 다 배즙으로 만들어 암미선 교회에 헌금을 하는 것이 어떨까?' 그러자 마음에 기쁨이 왔다. '옳지, 하나님이 이렇게 암미를 사랑하시는구나!' 그때의 일을 생각하면 지금도 흐뭇한 마음이다.

나누고 싶은 또 다른 간증이 있다. 여자의 몸으로 배 농사를 하는 일이 너무 힘들어서 허리가 아주 나빠졌다. 큰 병원인 경희 의료원을 찾아가니까 내게 수술을 권했다. 의사는 일곱 번째 5-4 번, 4-3번, 2번이 나빠 큰 수술이 될 것이라고 했다. 안타까운 심정으로 배밭에서 하나님께 혼자 예배를 드렸다. "주님, 저는 죄인입니다. 예수님의 보혈의 피로 죄를 씻어 주시고 병마는 물러가게 하소서!"

그렇게 기도하고 잠을 잤는데 "뻥!" 하고 통증이 나갔다. "뻥!" 소리가 너무 커서 놀랐는데 나중에 병원에서 MRI를 찍어 보니까 눌렸던 신경들이 괜찮아져 있었다. 의사가 3~4명의 보조 의사들을 보내 확인을 해 보고 다시 몇 번 와서 어디가 잘못되었는지 살펴보았다. 재활의학과에도 가 본 결과 수술이 아닌 시술을 하기로 했다.

허리에 하는 시술은 많이 아팠는데 그렇게 아픈 채 2시간 동안 가만히 있어야 했다. 그리고 천천히 걸어 보라고 해서 그렇게 했더니 괜찮다고 퇴원하라고 하는 것이 아닌가! 수술을 하려면 중환자실에 3일은 있어야 하고 또 계속 병원에 머무르며 치료를 받아야 하는데 그냥 퇴원을 시켜 준 것이다. 주님이 내게 허락하신 놀라운 치유를 경험한 것이다.

사실은 방언기도와 묵상기도를 계속하고 있었다. "하나님, 돈이 없어요. 또 이렇게 아프면 어떻게 배 농사를 하지요? 이 어려운 수술을 어떻게 합니까?" 그러나 항상 기도하고 믿음을 고백하다 보면 이런 놀라운 치유의 은혜를 경험하게 하시는 하나님을 만난다. 할렐루야!

사람들은 말한다. 남자도 힘든 배 농사를 어떻게 그렇게 하느냐고. 그런 질문에 그냥 미소를 짓곤 하지만, 속으로는 "하나님이 주시는 힘으로 이렇게 하고 있어요!"라고 대답하게 된다.

19

한 영혼의 가치, 그리고 암미

동역자, 한국중앙교회 **홍정열** 집사

'내 백성(암미)'이라고 하나님이 우리를 일컬으신다. 하나님은 그 백성들을 다 불러 모으시기까지 쉬지 않고 일하신다. 땅끝까지 이르러 남아 있는 한 백성을 찾으라고 하신다. 열 드라크마와 양 백 마리를 이루어 가시는 하나님의 사랑은 정말 놀라운 것이다. 하나님께서 가리키시는 고결한 뜻과 원하시는 행함의 현장에 암미선교회가 있다. 나그네 된 자들을 부르고 그들이 훈련되어 또 다른 이들을 십자가 앞으로 불러내는 곳, 암미는 그렇게 하나님의 사람들이 모이는 곳으로 세월을 채워 왔다.

대학생 시절 암미에 처음으로 가게 되었다. 레크리에이션 시간을 통해 고단한 그들의 삶에 잠깐이나마 웃음을 안길 수 있었다. 글로리아 목사님은 그 시절 "오케이?", "예스?"로 단순하게 소통하면서도 많은 이들이 활짝 웃으며 화합하던 순간을 아직도 기억하실 것이다. 이제 그 암미가 서른 살이 되었다.

명절 때 암미에 가면 그간의 변화된 모습들이 보인다. 암미를 섬기는 이들과 외국인 근로자들이 세월과 사연을 따라 달라져 있는 것이다. 그중 눈에 띄는 것은 선교적 사명을 가지고 본국으로 돌아가는 이들의 모습이다. 암미에서 훈련을 받고 고국으로 돌아가서 예수를 전하는 이들이 하나둘씩 늘어 가는 일은 온 천하보다 소중한 영혼들을 향한 의미 있는 큰 발걸음이다.

그러한 걸음들의 이면에는 하나님께 도움을 구하는 리더들과 섬김이들의 수고와 간절한 기도가 향이 되어 올려져 있다. 암미 명절 수련회에 참석하며 배웠던 게임들이 예수님이 아직 낯선 이들을 예수님께 기쁨으로 나아가게 하는 아이스 브레이킹이 되면 좋겠다. 예수로 기뻐하고 소망하는 현장에 깨소금처럼 잘 어우러지면 좋겠다.

암미는 명절 수련회를 통해 더 집중적으로 예수 안에 하나를 만들어 가는 시간을 갖는다. 주님을 만나는 영혼에게는 이 시간이 온 천하보다 소중하다. 우리식 표현으로 하나님도 가슴을 두근거리시며 살펴보시는 시간이 된다. 필리핀에서 열린 몇 번의 수련회는 암미를 거쳐 긴 필리핀 지체들이 글로리아 목사님과 만나 한국에서의 소중했던 시간들을 알알이 되새기고, 필리핀에서의 수고로운 삶에서 새 힘을 얻는 귀한 시간이었다.

서로 부둥켜안고 웃고 우는 모습에 하나님의 자녀로서의 연합이 충일했고, 감동이 컸다. 아버지를 연신 부르짖고 기도하는 그들의 모습에 서려 있는 간절함… 하나님 나라에 시선을 두고 눈물로 동참하지 않을 수가 없었다.

이렇듯 암미(하나님의 백성)로 모이는 곳에는 하나님의 돌보심이 깃드는, 영적 긴장과 축복이 있다. 은혜가 있다. 사명자를 훈련시키고 복음 전하는 발길에 힘을 북돋우는 위로와 격려가 있다. 암미를 통해 십자가 군병 된 이들이 여러 나라 곳곳에서 드리는 예배와 섬김이 주님 다시 오실 때까지 잘 감당되어지기를 소망한다.

합력하여 선을 이루는 모습에 우리 주님이 기뻐하시고, 보좌에서 일어나 크게 칭찬하시는 교회들이 되기를 소망한다. 귀한 이름, 암미에 대한 이야기다. "잘하였도다 착하고 충성된 종아 네가 적은 일에 충성하였으매 내가 많은 것을 네게 맡기리니 네 주인의 즐거움에 참여할지어다"(마 25:21)

20

열방의 영혼들이 여기에

동역자, 암미선교회 **조민정** 사모

남편의 사역을 좇아 암미에 오게 된 지도 벌써 4년 정도가 되었다. 암미교회에 와서 누리는 특권이 있다면 다름 아닌 열방 곳곳의 영혼들을 바로 코앞에서 볼 수 있다는 점이다. 나는 대학 시절 학생 선교 단체에 소속되어 훈련을 받고 공동체를 경험하며, '선교의 하나님'을 뜨겁게 만나는 시간들이 있었다.

대학 졸업 후, 하나님은 내게 한 무슬림 선교 단체의 훈련을 거쳐 '2년 단기 선교사'의 길음을 내딛게 하셨다. 선교지에 가서 선교 단체와 선배 선교사들을 통해 배웠던 것은, 선교사의 삶의 모든 영역이 정말로 '선교'를 위해 집중되어야 한다는 것이었고, 또 그것을 실제 실행함으로 전략적이고 지혜롭게 영혼들에게 나아가는 것이었다.

열방의 한 영혼을 만나기 위해 정말로 많은 대가가 지불된다는 것을 아는 나로서는 암미교회에서 이처럼 수많은 나라와 민족의 영혼들을 한자리에서 자연스럽게 만날 수 있다는 사실이 참으로 놀라울 뿐이다. 그 가운데는 또한 다문화 가정 영혼들과 그들의 2세가 있다.

지금 행정 목사의 사모지만, 한국어 청강반의 교사로서도 섬길 기회들이 있었다. 수업 시간에 자연스럽게 하나님에 대하여, 성경에 대하여, 교회에 대하여 이야기도 해 볼 수 있었다. 정말 태어나서 교회를 단 한 번도 나가 보지 않은 사람들에게 하나님의 존재에 대해 이야기할 수 있었던 것이 참으로 감격스러웠다.

선교지에서는 몇 년 동안을 집중해야 만날 수 있었던 영혼들을 만나 그들과 관계를 맺고 또 복음을 전하기까지의 과정이 이 암미에서는 훨씬 빠른 시간 내에 이루어질 수 있음이 참으로 놀랍고 신기했다. 강대상에서 진리의 말씀이 힘 있게 선포되고, 예배 후 나라별로 각기 나뉘어져 말씀을 나누는 소그룹 가운데, 또 한국어 청강반 영혼들에게까지 그 말씀이 가져다준 담대함과 용기, 감격이 솟아나게 되는 것을 경험할 수 있었다.

한국어 청강반 학생들을 대하던 중에 스리랑카 형제 3명이 예배에 참여하게 되었고, 벌써 예닐곱 번 정도 주일예배에 참여하였다. 한번은 예배 때 강력한 메시지가 선포되었다. 다니엘의 세 친구가 보여 준 죽음을 뛰어넘는 하나님을 향한 순결하고 충성된 믿음에 대한 도전이었다.

보통은 예배 후에 그들과 함께 식사를 하지는 않고 음식을 나눠 준 뒤 한국어 수업 시간이 되어서야 올라가곤 했다. 그런데 글로리아 목사님이 청강반 학생들이니 같이 식사를 해 줘야 하지 않겠냐며 권하시기에 그들에게 올라가 예배 때 어떻게 말씀을 들었는지 물어보았다. 자연스럽게 복음에 대해, 천국과 지옥에 대해 아주 쉬운 언어로 그들과 대화를 나눌 수 있었다.

신기하게도 그들은 그 모든 이야기를 잘 들었으며 그 이야기가 믿어진다고 반응을 했다. 나는 그저 너무 감사하고 기쁜 마음에 그들이 빨리 이 믿음을 확고히 고백하고 세례를 받았으면 하는 간절한 마음이다. 이들은 후에 '생명의 축제(복음 초청 잔치)'를 할 때, 설교자가 예수를 영접하고자 하는 자들은 손을 들고 함께 기도하자는 초청에 바로 응답하기도 했다.

선교지에서 싱글로 있었을 때와는 달리, 이곳 한국에서는 한 가정을 이루어 사역자의 아내로 살아가는 가운데 여러 가지 역할들이 있는 것 같다. 여러 영역들을 생각하며 시간과 에너지를 잘 분배하여 지혜롭게 해 나가아 히는 도전들이 늘 있다. 하지만 어디에 있거나 동일한 것은, 주님을 향한 복음 증거에 나를 드리며 살아가는 것이다.

이주민의 숫자가 점점 늘어 가는 한국 사회에, 이주민 선교는 교회를 향한 긴급한 시대적 요청인 것을 보게 된다. 그리고 거기에는 주님이 우리에게 베푸신 희생과 기도, 헌신과 사랑이 절대적으로 필요함을 보게 된다. 오늘도 이들을 "내 백성, 암미!"라고 부르시며 찾으시는 하나님의 간절한 마음을 느껴 본다.

Am

PART 3

암미 뉴스레터,
어제와 오늘

mission
fellowship

오늘의 교회는 더 이상 단일한 민족과 언어의 울타리 안에 머물 수 없다. 세계화의 흐름과 인구 구조의 변화는 한국 사회를 다문화적 현실로 이끌었고, 이주민 선교는 교회의 정체성과 미래를 가늠하는 거울이 되고 있다. 역사 속에서 교회는 언제나 주변인들을 품을 때 가장 빛났다. 성경 속 객과 고아와 과부는 오늘날 이주 노동자, 다문화 가정, 유학생, 난민이라는 이름으로 우리 곁에 있다. 그들은 한국 사회의 변화를 증언하며, 선교적 응답을 요구한다. 따라서 다문화 목회의 도전은 곧 교회의 갱신을 의미하며, 이주민의 동향을 읽는 일은 교회의 사명을 재확인하는 과정이다.

객과 고아와 과부

외국인 근로자 선교 사역을 하면서 아무래도 성경에 나오는 '객' 또는 '나그네'라는 말을 주시하게 되는데 한 가지 흥미로운 발견을 하게 되었다. 그것은 이 단어가 거의 고아와 과부 곧 힘 없고 약한 계층의 사람들과 함께 언급되어 나온다는 점과 특히 이 세 부류의 약자층 가운데 가장 먼저 나오고 있다는 사실이다.

특히 구약 신명기 24장 17~21절에는 '객과 고아와 과부'에 대한 언급이 네 번씩이나 나오고 있는 것을 볼 수가 있다. 흔히 생각하기로 나그네는 단지 우리가 친절을 베풀 대상이요 정작 돌봐 주어야 할 대상은 고아나 과부로 생각되는데, 왜 객이 우선이 될까 하는 의구심을 갖게 되었다. 그런데 그 의문이 다름 아닌 선교 현장에서 풀려지는 것을 보았다.

나그네 이해하기

객은 NIV 성경에는 이방인(Alien)으로, 현대어 영어 성경에는 외국인(Foreigner)으로 각기 표기되어 있다. 그렇다면 이 객은 우리가 생각하는 단순히 지나가는 나그네의 개념이 아니고 우리 곁에 살고 있지만 상이한 언어와 문화 충격으로 어려움을 겪고 있어 우리의 도움을 절실히 필요로 하는 그런 사람인 것을 알 수가 있다.

상황을 바꾸어 우리가 타국에 가서 살게 되었다고 가정해 보자. 거기서 아무도 내 말을 이해하지 못한다면 어떻겠는가? 내가 가진 생활 습관이나 상식이 전혀 통하지 않는다면 어떻겠는가? 현지 사람들의 친절한 안내가 없이는 아마 생존 그 자체가 어렵게 될 것이다.

이렇게 객 곧 외국인들이 마주하는 이질 언어와 문화 충격으로 인한 스트레스는 상상 밖에 힘든 것으로, 조사에 의하면 배우자를 잃은 그 아픔과 충격에 못지않다고 한다. 이런 점에서 외국인 근로자 선교는 모든 타 문화권 선교가 그렇듯이, 이들의 언어와 문화를 이해하려는 노력이 무엇보다 요구되는 것을 알 수가 있다.

이들을 우리의 시각으로 볼 것이 아니라 이들과의 문화 차이를 인정하는 것이 선교의 열쇠인 것이다. 겉으로는 한국인들에게 친절하고 그 가운데는 곧잘 한국말을 구사하며 한국 음식도 즐기는 등 한국 생활에 익숙해져 있는 사람들도 있지만 이들은 근본적으로 우리와 다른 문화와 세계관을 지닌 외국인들이기 때문이다.

선교 현장의 난해함

얼마 전 한 공장에서 있었던 일이다. 그 공장에는 현재 암미에 출석하고 있는 3명의 필리핀인들이 있다. 그중 한 사람 G는 수년을 일해 와 그 공장 사장님에게 특별히 신임을 얻고 있었다. 사장님은 그에게 '명철'이라는 한국 이름도 지어 주고 재작년 여름에는 필리핀에 있는 그 아내를 초청하여 그를 몹시 기쁘게 해 준 일이 있었다.

그런데 지난여름 G의 아내 샐리가 일대 폭풍을 몰고 온 사건이 있었다. 평소 샐리 주위에 한국을 오고 싶어 하는 3명의 필리핀인들이 정상적인 비자를 가진 샐리를 보증인으로 하여 한국에 들어오려다 김포 출입국관리소로부터 조사를 받게 되었다. 그러자 샐리의 신원 조사에 초청인으로 되어 있는 공장 사장님이 전화로 심문을 받게 된 것이다.

출입국관리소는 이 일을 공장 사장님이 불법으로 외국인들을 쓰려고 한 것으로 오해하여 조사를 나올 계획이었다. 이에 대해 사장님이 크게 당황하고 있었다. 공장에 이미 불법체류 외국인들이 있었기 때문이다. G는 그 사람들 모두 고향 사람들이므로 꼭 약속을 지켜 돌아갈 것이라며 염려하지 말라고 장담하였다. 그러나 정작 그들은 출국 전날 밤 모두 잠적해 버리고 말았다. 크게 충격을 받은 사장님과 G와의 매우 힘든 대화를 내가 통역하게 되었다.

어찌나 생각 자체가 다르던지… 한 가지 예를 든다면 왜 그 사람들 단속을 잘 하지 못해 자신을 곤경에 빠뜨리냐는 사장님의 큰소리에 G는 어떻게 사람들 옆에 줄곧 지켜 있을 수 있는가 하고 반문을 했다. 한국식은 그런지 몰라도 필리핀식은 그냥 말로 하는 것이라고 답해 가뜩이나 심란한 사장님을 더욱 분노하게 만들었다.

한편 이 일로 자기 아내가 필리핀에 다시 돌아가는 문제가 심각하게 되자 G는 문제 해결책으로 사장님이 직접 출입국관리소에 가서 다 진실을 말하고 정면 돌파를 시도하던지, 아니면 이런 일을 잘하는 사람에게 부탁하는 것이 좋겠다고 제의하였다. 특별히 자기가 평소 잘 알고 있는 가까운 곳의 수세미 공장 사장님에게 이미 부탁해 놓았고 야속을 받았다고 하며 낭장 전화하면 도와줄 것이라고 하였다. 그러나 누가 감히 출입국관리소의 이러한 문제를 해결할 수가 있겠는가?

G의 성화로 전화를 해 보니 그 수세미 공장 사장이라는 분은 이렇게 말했다. "예, 사실을 듣고 보니 참 어려운 문제군요. 제가 전화를 하라고 한 것은 G가 찾아왔는데 무슨 말을 하는지 통 알 수가 없어서요. 자기는 한국말을 한다고 하는데…."

이러한 과정에서 두어 시간 서로 감정적인 말만 오가기에 결국 통역을 하던 내 제의로 그 이튿날 사장님이 샐리를 데리고 나와 함께 출입국관리소를 찾아가게 되었다. 담당 직원에게 준비해 간 진정서를 내보이며 샐리를 우선 출국시켜 줄 것을 요청하고, 도망간 사람들을 최대한 찾아보겠다고 하니까 의외의 반응으로 그런 일이 많다고 하며 아주 쉽게 샐리의 출국을 허락하는 것이 아닌가? 그토록 크게 보이던 문제가 한순간에 해결되는 것이었다. 선교사로서도 한껏 보람을 느낀 순간이었다.

다음 날 샐리가 출국하던 이른 아침 사장님은 나름대로 크게 생각해 자기 차로 샐리를 공항까지 바래다주는 호의를 베풀었다. 그런데 서로 말도 안 통하는 샐리를 혼자 데리고 가고 G를 그냥 공장에 머물게 한 것이 또 화근이 되었다. 당연히 공항에 함께 나가 배웅을 할 줄 알고 있던 G가 크게 분통을 터트린 것은 물론이다.

아마 한국 사람 같으면 그동안 사장님을 그렇게 곤혹스럽게 한 죄(?)로 그 정도야 참을 수 있었을 것이다. 그러나 서양 문화의 사고방식을 가지고 있는 G는 그것을 도무지 이해할 수가 없었다. 그래서 종일 분노를 품고 일하면서 그 공장을 떠날 생각만을 했다고 한다.

감정이 풀려지지 않으니까 원망만 계속되었다. 수세미 공장 사장님 같은 경우는 고용하고 있는 외국인들의 문제를 위해서라면 무슨 일이든 발 벗고 나서는데 자기네 사장님은 그렇지 않다며 그동안 자기가 공장을 위해 그토록 충성했던 것에 회의가 든다고 했다. 사장님이 그동안 이 일로 G를 위해 큰 희생적 감수를 했음에도 불구하고, G는 그것보다 한국에 와 며칠 동안 충격만 받고 돌아가는 아내의 출국 배웅을 하지 못한 것이 그렇게도 문제가 된 모양이었다.

하나님 눈으로 바라보기

이 사건에서 보듯이 서로 다른 문화와 관습 그리고 생각의 차이가 이렇게 뚜렷한 것이다. 이런 점에서 외국인들에게는 그들을 도와주는 일 그 자체도 그렇게 수월한 것이 아니라는 사실을 알 수 있다. 아무리 해도 이따금 거기에 소통이 단절되곤 하기 마련이다. 이 경우도 한국 사람의 상식으로는 오히려 사장님이 충분히 이해가 가지 않는가? 그런데 그렇게 좋은 한국 사람으로부터도 이같이 다른 시각 치이로 인해 외국인들은 나름대로 스트레스를 받는 것이다.

그래도 이 일은 다행히 언어의 소통이 있었고 평소 사장과 고용인 간에 아주 좋은 유대 관계가 뒷받침된 상태에서 일어난 일이다. 상하 조직의 아무 대화가 없는 분위기, 또는 인권이 유린되기 쉬운 노동 현장에서 외국인들이 겪는 언어 및 문화 충격은 얼마나 클 것인가를 생각해 보게 된다.

다국적 외국인들을 대하면서 우리로서도 그들이 이해되지 않고 때로는 불쾌하기까지 한 경우를 종종 접하곤 한다. 그러나 이들이 겪는 문화 충격의 여러 가지 고충을 감안해 본다면 우리가 우리 기준만을 요구할 것이 아니라 도리어 그들의 입장에서 더욱 이해해 주고 돕는 노력이 있어야 함을 알 수가 있다. 우리 하나님은 약한 자들을 신원하시는 분이요 특히 객의 이러한 고충을 아시기에 우리에게 객을 먼저 말씀하시는 것이 아닐까?

다문화 목회, 그 시대적 도전

우리 사회가 다문화 사회로 진입하면서 요즘 다문화에 대한 관심이 부쩍 늘어 가고 있다. 그동안 연륜이 쌓인 이주민 선교는 이제 선교 목회 혹은 다문화 목회로 그 흐름을 이어 가게 되었으며 관련된 연구 자료들도 많아졌다. 다문화에 대한 이해는 물론, 이제 선교적 교회(Missional Church)로 전환하는 목회 패러다임을 준비해야 할 때이다.

다문화 사회로의 진입

현재 한국 사회는 저출산 및 고령화로 인한 인구 감소 문제가 심각하다. 젊은이들의 결혼과 출산 시기가 늦어지는 데 따른 결과이다. 통계청에 의하면 올해 1분기 출생아 수가 사상 처음 9만 명 아래로 떨어졌다. 전년 동기 대비 9,100명(9.2%)이 감소한 것으로 1분기 출생아 수가 8만 명대를 기록한 것은 1981년 통계 작성 이래 처음이다.

이에 반해 이주민(이주 노동자, 다문화 가정, 새터민 등)의 숫자는 지속적으로 증가하고 있는 추세다. 출입국관리소의 통계에 의하면 2018년 4월 국내에 체류하고 있는 외국인은 226만 명이다.* 여기에 미등록 외국인(불법체류자) 약 30만을 합치면 256만 명이 된다. 이는 전체 인구의 5%에 해당하는 숫자로 한국 사회가 다문화 사회로 변화되어 가고 있음을 보여 준다. 그동안 한국 국적을 취득한 외국인도 20만여 명이나 된다.

국내 체류 외국인들이 이렇게 많아지고 있는 현실은 오늘날 교회의 시대적 사명이 무엇인지를 아주 분명하게 드러내 준다. 교회는 건강한 결혼 및 가정을 위한 캠페인을 계속 펼쳐 가야 하는 동시에, 한편으로는 증가하고 있는 이주민들에 대한 선교 및 목회적 관심을 가지고 시대적인 목회 패러다임을 준비하며 적용해야 하는 것이다.

이를 위해서는 무엇보다 이주민들에 대한 인식 및 태도의 변화가 우선적으로 수행되어야 한다. 이제 그들은 돈 때문에 잠시 왔다 가는 단순한 외국인 나그네들이 아니다. 88 올림픽 이후 계속 유입되고 있는 이주민들 가운데 장기 체류자들이 많아졌다. 이주 노동자들의 경우, 법적으로 4년 10개월 동안 일을 할 수 있

* 출입국관리소 외국인 정책 본부가 발표한 체류 외국인 현황을 보면 2008년 116만 명, 2010년 126만 명, 2012년 145만 명, 2014년 180만 명, 2016년 205만 명, 2018년 226만 명으로 꾸준히 증가해 왔다.

고, 성실한 근로자로 인정받으면 본국에 휴가를 다녀온 후에 최초 3년과 다시 1년 10개월을 연장할 수 있어 10년 정도 한국에 체류하며 일하게 된다. 그 과정에서 많은 이들이 준전문 인력(E-7)으로 전환하여 장기 체류 자격(F-2 등)을 획득하거나 한국인과 결혼을 하기도 한다.

다문화 목회를 위하여

그러면 어떻게 교회가 다문화 목회의 선교적 비전을 구체화할 수 있을까? 여기 몇 가지 실현 가능한 구체적인 방안을 제시해 본다.

1) 복지를 통한 선교적 목회

이주민의 노동 환경은 거의 다 열악하다. 불법 신분인 경우 법적, 의료적 혜택이 전혀 없다. 교회는 이주민늘이 복지 혜택을 받도록 나서서 도와주며, 이를 복음 전파의 기회로 삼을 수 있다. 나문화 가정은 부모와 자녀가 함께 출석하는 경우가 많아서 교회학교가 필요한데 그것도 연령 수준에 따라 다양해야 하므로 선교회 형태보다 지역 교회의 목회적 돌봄이 절실히 요청된다.

2) 교육을 통한 선교적 목회

현재 다문화 이주민을 위한 한국어 교육은 다문화센터나 사회복지센터 등에서 실시되고 있다. 그러나 교회 역시 주변의 이주민들에게 한국어 교육을 통해서 쉼의 장소를 제공하여 이주민들이 한국 사회에서 겪는 스트레스나 문화 충격에 적응하도록 도움을 줄 수 있다. 물론 이를 위해서는 자질을 갖춘 한국어 교사(한국어 교원 2급 자격 및 경력)가 준비되어야 한다.

3) 다문화 상담사

이주민들의 문화를 이해하고 적절한 상담 이론 및 기법을 적용할 수 있는 다문화 상담사가 필요하다. 그들이 수시로 다문화 가정을 방문하여 이주민들의 생활에서 발생하는 문제들을 돕고 그들의 이야기를 들어 주며 상담을 통해 내적 치유가 이루어지도록 하는 것이다.* 다문화 상담사 파송을 통해 교회적으로 돌보는 일은 선교적 목회의 접촉점을 이루는 데 큰 도움이 될 것이다.

4) 다문화 가정 자녀 교육

학교 교육에 익숙하지 않은 결혼 이주 여성들의 어머니 역할을 교회가 도와줌으로써 자녀뿐만 아니라 그 가정을 복음화하는 목회를 고려해 볼 수 있다. 한 가지 첨언하자면, 교회가 다문화 목회를 시작하려고 할 때 다국적 현상에 대해 당황해할 필요

---

* 이수환, "다문화 이주민을 위한 선교적 목회의 역할", 『다문화 선교』 CLC, 134~135 참조.

180

가 없다. 그동안 이주민 선교에 있어 다국적 현상은 이미 자연스럽게 이루어져 왔고, 오히려 거기에 '하나 되게 하는 복음의 능력'이 드러나기 때문이다. 단지 각 나라의 문화적 특성을 잘 이해하며 대처해야 하는 과제가 있다.

다문화 목회는 교회 내 하나의 사역 부서 또는 지교회 형태로 가다가 독립되는 경우 등 다양한 형태가 있다. 그러나 기본적으로 그리스도인으로서 우리의 정체성을 분명히 할 필요가 있다. 모든 사람이 그리스도 안에서 인종적, 문화적, 사회적 차별이나 불평등을 폐지하고, 평등과 일치를 이루는 것이 복음의 본질이기 때문이다. 우리가 한국인으로서의 정체성에만 머무르며 이주민들을 열등하게 생각하는 한 진정한 다문화 목회는 요원할 것이다.

박흥순은 그의 저서 『지역 교회 다문화를 품다』에서 한국 교회와 그리스도인이 이주민을 올바로 섬기기 위해서는 한국인이라는 정체성을 '그리스도인'이라는 대안적 정체성으로 대체하려는 노력이 필요하다고 강조한다. 특히 이주 여성의 경우 '여성'이라는 이유로 겪는 성차별, '외국인'이라는 인종적 배타성에 '노동자'라는 신분적 편견까지 넘어서야 하기 때문에 그들의 인권과 생존 문제에 주목해야 한다며 그들이 자율적 주체가 되도록 교회가 도와야 한다고 주장하고 있다.[*]

바른 지적이다. 사실 성경은 우리도 이 땅에서 외국인임을 가르쳐 주며 영원한 본향을 향하여 순례자로 살 것을 가르쳐 주고 있다. 그렇다면 우리는 같은 순례자이자 나그네인 이주민들이 한국에서 함께 살아갈 수 있도록 목양의 차원에서 다가가 영적, 정신적 도움을 주면서 그들 역시 주 안에서 그리스도인으로서 자기 정체성을 바르게 인식하도록 도와줘야 할 책임이 있다. 그럴 때 그들의 삶의 양상이 달라질 것이며 그 결과 역동적인 선교의 역사가 뒤따르게 될 것이다.

한국의 미래는 지속적으로 꾸준히 이주민들이 늘어날 것으로 예측되고 있다. 현대 노동과 자본의 흐름을 따라 생긴 이주 현상은 단지 우리나라만의 것이 아니라 세계적인 추세이기도 하다. 특히 북한은 세계 1위의 노동력을 갖춘 국가로 꼽히고 있어 앞으로 전개될 남북 관계 역시 선교적 차원에서 한국 교회가 준비하지 않으면 안 될 부분이다. 안타깝게도 현재 250만 명을 넘어선 체류 외국인 중 한국 교회의 선교 참여율은 겨우 3%에 불과하다. 한국 교회가 다문화 목회의 시대적 도전을 읽고, 선교적인 목회를 서둘러야 할 때이다.

<hr>

* 박흥순, 『지역 교회 다문화를 품다』 꿈꾸는터, 125~131 참조.

다문화 가정 선교

코로나 팬데믹 여파로 국내 외국인 수가 2년 연속 감소한 것으로 나타났다. 법무부 출입국 외국인 정책 본부에 의하면, 2022년 10월을 기준으로 국내 외국인은 약 220만 명이다. 이는 이주 노동자, 다문화 가정, 유학생 등을 포함한 숫자이다. 이 가운데 다문화 가정을 이루고 있는 결혼 이민자 대상의 선교에 대해 살펴보기로 한다.

다문화 가정의 현실

다문화 가정은 국내 인구 감소 현상의 대안으로 국가가 지향하는 중요한 정책인 바, 선교적 측면에서도 매우 중요하다. 우선 이주 노동자나 유학생과 달리 다문화 가정은 우리 국민의 신분으로 함께 살아가는 이웃이다. 170여 개국의 다양한 국적 출신 결혼 이민자들에 의한 다문화 가정 수는 2022년 10월을 기준으로 322,914가정이며 다문화 자녀 수는 310,500명이다.

결혼 이민자는 초혼보다 재혼이나 재재혼 비율이 점점 증가하는 상황이다. 이 중 귀화자가 152,410명이고 미귀화자는 169,723명이다. 한편 다문화 가정 출생아는 9년 연속 감소하여 2021년에 1만 5천 명을 밑돌았다. 통계청이 발표한 '2021년 다문화 인구 동태 통계'에 따르면 다문화 가정에서 태어난 신생아는 14,322명으로 전년보다 12.8% 줄었다.

전체 출생아 중 다문화 가정 출생아가 차지하는 비중은 5.5%로 전년 대비 0.5% 낮아졌다. 코로나19 이후 국제 교류가 어려워지며 다문화 혼인이 감소한 영향으로 풀이된다. 또한 한 언론에 의하면 2년 미만의 신혼 기간 중 아이를 낳는 부부가 줄어든 것으로 분석된다.[*]

문제는 이들이 처한 어려운 현실이다. 코로나 이전인 2019년에 실시한 이주민 선교 현황 설문 조사에 의하면, 이주민 선교 사역을 하고 있는 교회나 선교 단체는 사역 현장의 어려운 문제점으로 양육의 한계에 이어 다문화 가정 문제를 두 번째로 꼽았다. 양육의 한계가 전문 사역자의 부족으로 인한 문제라면, 다문화 가정 문제는 그들이 처한 현실이 얼마나 열악한지를 보여 주는 것이다.

가정의 기본이 되는 부부간에도 언어와 문화가 서로 다르고,

---

[*] 국민일보, 2022년 11월 4일 자.

또 거기에 고부간 갈등 문제 등으로 초창기에는 이혼율이 50%나 되었다. 다문화 가정 자녀들이 겪는 문제도 심각하다. 이들은 경제적으로 매우 열악한 상태에 놓여 있으며 아동 학대도 일반 가정보다 두 배나 높은 것으로 나타났다. 그것도 가해자 중 친부모에 의해 학대받는 비율이 매우 높아 다문화 가정 부모 대상 인성, 심성 교육이 시급하다. 또 다문화 가정은 이단들의 집중적인 표적이 되고 있다. 결혼 이민 여성의 상당수가 이미 통일교의 결혼식을 통해 국내에 이주해 있으며 한국 여성들과의 결혼은 이슬람교 전파의 중요 수단이 되고 있다.

미등록자(불법 신분)일 경우 상황은 더 심각하다. 결혼 이민 여성들은 취업과 의료는 물론, 기본 인권조차 보장받지 못하고 있다. 그 결과, 미등록 아동 청소년 자녀들은 많은 마음의 상처와 고충을 안고 살아간다. 가정 환경뿐만 아니라 사회적 배려도 받지 못하고 차별과 무시 아래 성장하고 있는 것이다. 미등록자 이주 여성이 자녀를 출산하고 양육하고 있는 경우, 공적으로 지원을 받을 수 있는 제도 마련이 시급하다. 아동 청소년들의 유엔아동권리협약에 따른 거주권, 생존권, 보호권, 참여권에 따라 자녀와 함께 부모도 마땅히 보호를 받아야 할 것이다.

다문화 가정 사역의 중요성

그래도 우리가 다문화 가정을 긍정적으로 볼 이유는 위에서 언급한 대로 선교적 측면에서 매우 중요한 비중을 차지하기 때문이다. 생각해 보라! 이 땅에서 170여 개국 출신의 결혼 이민자 대상의 선교를, 그것도 그들이 우리 사회의 일원들이니 이보다 중요한 선교가 또 어디 있겠는가? 사실 다문화 가정과 일반 가정의 차이는 크게 언어와 문화의 차이일 뿐으로 이 문제는 성경 속 창세기 11장에 나오는 바벨탑 사건으로 거슬러 올라간다.

땅을 정복하며 충만하라는 하나님의 명령을 어기고 바벨탑을 쌓다가 언어의 혼잡이 와서 흩어지게 된 것을 그저 죄의 결과로만 볼 것이 아니다. 다양한 언어와 다양한 국가로 인해 다양성을 촉진시킨 결과가 되었기 때문이다. 무엇보다 인류는 다양한 언어로 성경을 번역하며 다시금 세상을 정복하는 자리에 서게 되었다.

성경에도 훌륭한 다문화 가정들이 나온다. 구약 시대 모압 여인 룻과 보아스가 그렇고, 바울이 아들이라고 부른 사랑하는 제자 디모데는 아버지가 헬라인이고 어머니가 유대인인 다문화 가정 자녀였다.

현대 사회에서 이주는 갈수록 보편화되고 있어 이민 국가마다 자국 내에 들어온 이민자들의 사회 통합이 주요 과제로 되어 있다. 한국도 이민자의 증가로 '재한 외국인 처우 기본법'을 제정했고(2007), '다문화 가족법'을 제정했으며(2008), 지방정부도 외국인에 대한 조례를 만들어 시행하고 있다. 외국인들의 보호를 통해 질서 있고 평화로운 사회를 만들기 위해서이다. 이주민들은 더 이상 우리 주변의 어떤 변방 그룹이 아니다. 우리와 어깨를 나란히 하여 다문화 사회를 지향하며 나아가게 된 것이다.

그러나 사회 통합은 어떤 법 제정보다 그리스도 안에서 사랑이 우선되어야 가능한 일이다. 이에 따라 전국에 편만한 다문화 가정 사역을 위해 지역 교회가 나설 때이다. 선교 단체는 다문화 가정 자녀들을 위한 교육 시설이 없고 교사를 구하기도 쉽지 않다. 학제도 미취학 아동부터 대학 교육에 이르기까지 손을 쓰기가 어렵다. 반면 교회는 일차적으로 다문화 가정 자녀들을 위한 방과 후 프로그램을 만들어 숙제를 도와주고, 상담도 해 주면서 그들을 교회학교로 인도하여 다문화 가정 사역을 어렵지 않게 시작할 수 있다.

다문화 가정 사역은 할 수 있으면 한국인 남편과 함께 전도와 목양의 대상으로 삼는 것이 좋다. 만일 남편 및 시댁 가족들과 좋은 관계라면, 믿음을 몰라도 그들은 교회에 나오는 것이 쉽게 된다. 그렇지 못한 경우라도 할 수 있다면 교회가 부부를 대상으로 상담 및 실질적인 도움을 주며 복음을 접하게 하는 것이 좋다. 그렇게 할 때 믿음 안에서 서로의 갈등을 풀어 가며 원만한 그리스도인 가정으로 세워지게 된다.

한 설문 조사에 의하면 이주민 3명 중 2명(66.2%)은 종교가 없다. 앞으로 종교를 가질 의향이 있는 사람도 10명 중 1명(11.0%)에 그쳤다. 이주하면서 종교적 구속력이 약해진 것으로 보인다. 그런데 종교를 가진다면 개신교를 선택하겠다는 의견이 44.5%로 가장 많아 그동안 이주민 선교에 한국 교회의 역할이 긍정적으로 작용했음을 보여 주고 있다. 개신교 다음으로 불교(31.1%), 가톨릭(3.8%), 이슬람(1.5%) 순이다. *

이주민들의 호감도를 바탕으로 개신교는 '이주민에게 애정을 갖고 있는 종교', '이주민의 어려움을 가장 잘 이해하는 종교', '이주민에게 실질적인 도움을 주는 종교' 항목에서 모두 1위에 올랐다. 이처럼 국내 이주민 선교는 이미 이 시대 타 문화권 선교의 황금 어장이 되었고, 그중에 다문화 가정은 모든 지역 교회가 직접 타 문화권 선교에 참여할 수 있는 좋은 기회이다. 그들이 복음을 접하고 믿게 되는 경우, 그들은 다시없는 선교의 좋은 자원들이 될 것이다.

이주민의 동향과 교회의 사명

국민일보 더미션에서는 한국 교회 목회자들의 2025년 새해 목회 구상으로 우리 사회의 국가적 이슈가 되고 있는 저출산 문제와 다음 세대 세우기가 첫 번째 과제임을 밝힌다. 이어서 교회를 떠난 이들의 발걸음을 돌리게 할 가나안 성도 회복 사역 및 셀(cell) 사역의 강화 등이 주요 목회 과제로 부상되었다.*

거기에 교회가 지역사회의 변화에 발을 맞춰 가는 선교적 목회 사역을 함과 동시에 갈수록 증가 추세에 있는 이주민들에 대한 선교도 새해 사역 구상에 포함시켜야 하지 않을까 생각한다. 일단 이주민 숫자가 꾸준히 늘고 있고, 이주 노동자로 시작된 이주민이 이제 다문화 가정, 유학생 및 난민을 포함하는 포괄적 사역이 되었기 때문이다. 더구나 그 가운데 다문화 가정은 지역 교회의 목회 사역과 직접 관련이 되어 있다.

* 국민일보 더미션, 2024년 11월 27일 자.

국내 이주민의 동향

2024년 10월 출입국 외국인 정책 통계 월보에 의하면 국내 장단기 체류 외국인은 2,692,359명으로 국민의 5%를 점하고 있다. 코로나 팬데믹 때 198만 명까지 줄었지만, 2023년 10월 기준 250만 명으로 늘어나 코로나 이전 수준을 회복했다. 정부도 인구 절감 문제를 외국인 인력으로 해결하기 위해 그동안 이주민 정책들을 계속 발표해 왔다. 이주 노동자와 유학생 인력의 국내 유입을 확대하고 그들의 정착 및 이민을 유도하려는 목적이다.

구체적으로 정부 이주민 정책의 변화를 보면 2023년 재외동포청 신설, 숙련 기능 인력(E-7-4) 비자 쿼터 확대, 2024년 비전문 취업(E-9) 비자 쿼터 확대, 외국인 유학생의 취업과 정착 확대 및 농촌 계절 근로자 단기(3~5개월) 입국 확대 등이다. 이런 정책들로 인한 이주민의 증가로 우리 사회는 빠르게 다문화 사회로 나아가고 있다.

이주민의 숫자가 많아지게 된 배경에는 시대별로 한국 사회의 변화에 따라 이주민의 변화가 있어 왔기 때문이다. 외국인 근로자가 1991년 산업 연수생으로 국내에 들어오기 시작했고, 2004년부터 고용허가제로 전환되면서 비전문 취업 비자로 입국하고 있다. 2023년 10월 기준으로 16개국에서 온 약 30만 명의 외국인 근로자가 비전문 취업 비자로 국내에 체류하고 있다.

1990년대 지자체는 농촌 국제결혼 지원 사업을 추진했고,

2006년 정부는 '여성 결혼 이민자 가족 사회 통합 지원 대책'을 발표했다. 국제결혼은 1990년 4,710건에서 2000년에 11,605건, 2010년에는 34,235건으로 급증했다. 2023년 10월 기준 국내 거주 결혼 이민자는 약 17만 5천 명, 그 자녀들은 27만 명이다.

2007년 정부가 방문 취업(H-2) 비자 시행을 발표하면서 중국과 구소련 지역 동포들의 국내 출입국과 취업이 대폭 증가했다. 2023년 10월 기준 국내 체류 외국 국적 동포는 전체 이주민의 약 30%인 85만여 명으로 중국 동포(77.3%), 미국 동포(5.8%), 우즈베키스탄 출신 고려인 동포(5.1%) 순이다.

국내 대학의 외국인 유학생은 2003년 12,314명에 불과했으나, 2010년에 8만 명, 2016년에 10만 명을 넘어서면서 그 후로 꾸준히 증가하였다. 2023년 10월 기준 국내 대학의 외국인 유학생은 22만 5천 명으로, 20년 만에 스무 배 가까이 증가했다.*

국내 거주 이주민에 국한하지 않고 우리가 눈을 돌려 세상을 내다보면 현재 국제 이주는 세계적인 추세이다. 우선 세계는 지금 이상 기후로 인해 갈수록 기후 난민이 생기게 될 것인 바, 25~30년 후에는 세계 인구 15억 명이 기후 난민이 될 것이라고 한다. 자연재해 곧 가뭄, 폭풍, 산불, 물 부족, 식량 불안 및 전쟁 등으로도 많은 피난민이 생겨나고 있기 때문이다.

* 노규석, "국내 이주민 변화와 한국 교회의 대응(1)", 디아스포라신문 제31호(2024년 1월), 4~6 참조.

암미 선교 현장의 이주민 선교 동향

여기서는 이주민 선교의 현장으로서 암미선교회를 들여다보며 그간의 이주민 선교 동향을 단면적으로나마 살펴본다. 이주민 선교를 시작한 지 올해로 29년 차가 되고 있는 암미는 그동안 나름 이주민들의 필요를 채워 주며 다민족 이주 노동자와 다문화 가정 사역을 해 온 결과로 150여 명의 많은 세례자와 주종국이던 페루, 필리핀, 인도 그룹 등에서 8명의 사역자들이 나왔다. 그동안 이뤄져 온 암미의 활동 몇 가지를 통해 이주민 선교의 동향과 그 가능성을 파악해 볼 수 있다.

첫째로 이주민들의 체류 기간이 길어지면서 그만큼 다민족 선교의 필요성이 커졌다. 그로 인해 제2, 제3의 문화가 형성되고 있다. 2024년 추수감사절 행사를 통해 이 점을 실감할 수 있었다. 우리는 감사 페스티벌이 잘 준비되고 초청자들이 많이 오는 것에 중점을 두었지만, 그들은 그것보다 축제 자체를 즐기는 모습이었다.

예컨대 춤과 노래를 좋아하는 필리핀 그룹은 순서에도 없던 찬양을 그 자리에서 임의로 한 곡 더 추가했고(그들에게는 시간이 별문제가 되지 않는다), 나중에는 흥을 돋우는 댄스곡을 사전 연습 없이 하나둘씩 무대 위로 올라가 그냥 하는 것이었다. 그런데 놀랍게도 그 순서와 함께 페루 자매가 선보인 긴 전통 춤이 다음 날 많은 사람이 볼 수 있는 페이스북에 실렸고, 거기에 많은 댓글까지 달려 있었다.

이 행사에는 한국어 교실 소속 이주민들도 많이 참석했고, 암미와 멀리 떨어진 기존의 멤버들까지 찾아왔다. 심지어 귀국자들도 온라인 페이스북으로 참여하므로 관심을 나타냈다. 이렇게 하여 암미의 추수감사절은 어느새 이방인들이 함께 모여 추수의 기쁨을 나누는 그들 중심의 감사 축제가 된 것이다.

둘째로 세계 선교의 측면에서 볼 때 이주민 선교는 매우 전략적이다. 세계지도에서 북위 10/40 지역은 지구 육지 중 3분의 1 정도가 포함되며 62개국이 모여 있어 세계 인구의 60%가 살지만, 비기독교인들이 밀집한 지역이다. 그런데 이 지역 출신의 많은 이주민이 우리 곁에 이웃으로 들어와 있다.

한국어 교실 학생인 파키스탄 출신의 한 형제는 다른 무슬림과 달리 스스로 예배실 문을 열고 들어와 예배에 참석하고 새신자로 환영까지 받았다. 그 후로도 멀리 경기도 화성에서 특별한 때는 찾아오고 있는데 지난 추수감사절에 못 왔다면서 그다음 주일에 주스 한 박스를 들고 왔다. 그가 이번 성탄에도 오고 싶어 하는 것을 보면 암미를 고향으로 생각하는 것 같다.

역시 이슬람권인 카자흐스탄 출신의 한 형제도 무심코 오전 예배에 참석해 보고는 "이래저래 걱정을 많이 하느라 머리가 아팠는데 설교를 듣는 동안 싹 사라졌다"라는 놀라운 간증을 한 바 있다. 힌두교권의 네팔과 불교가 강한 스리랑카 팀도 특별한 행사 때 참석했다가 열린 자세로 교회를 대하는 것이 얼마나 감사한지 모른다.

셋째로 세월이 지나 이주민들 가운데 리더들이 나오고 있음에 주목해야 한다. 얼마 전에 이주민 선교 연구차 암미를 방문한 적이 있는 한 아신대(ACTS) 교수는 남편이 네팔인으로서 현재 그 학교의 네팔선교연구원 학술연구교수로 재직하고 있다. 이렇게 다문화 사회의 각 분야에서 리더들이 나오고 있는데, 한국 교회가 믿음의 일꾼들을 배출하는 일은 얼마나 시급하고 중요한 일인가?

넷째로 한국어를 매개로 하는 전도의 가능성이다. 2024년 12월 첫 번째 주일 오후 한국어 교실을 진행하고 잠시 휴식 시간이 되면서, 뜻하지 않게 진지한 전도의 시간을 가졌다. 네팔인 3명과 미얀마인 1명, 그리고 태국 다문화 가정의 5명이 나란히 앉아 쉬고 있기에 말을 건넸다. "여러분이 한국어를 배우고 있는데 공장의 한국 사람들은 가끔 나쁜 말을 하지 않습니까? 저는 표준 한국어를 쓰는 사람이니 저와 대화 좀 해 봅시다"라고 제의했다. 그러자 먼저 네팔인이 내게 질문을, 그것도 영적인 질문을 꺼내는 것이 아닌가!

"예수님은 아버지가 없다. 그래서 가톨릭은 그 어머니 마리아를 믿는 것이 아닐까?" 그 말에 이어 나는 재빨리 복음을 제시하며 예수님에게 관심을 갖도록 만들었다. 그러니까 모두 진지하게 그 말을 듣는 것이었다. 한국어 교실 4단계여서 웬만한 한국어를 구사하는 그들이기에 한국어 전도가 이루어진 것이다.

그동안 그들과는 짧은 소통의 회화가 전부였는데 이렇게 한국어로 전도를 하다니… 나 자신도 놀라웠다. 그러고 보니 국내 이주민들은 거의 모두가 한국어를 구사하려고 노력하는 사람들이 아닌가! 한국어 전도가 가능하도록 주님이 이렇게 준비하심이 놀랍기만 하다. 이주민 선교야말로 마지막 때, 땅끝까지 이르러 복음이 전해지는 바로미터라는 생각을 하게 된다.

_Am

PART 4

이주민 선교 전략

이주민 선교는 더 이상 특수 계층을 향한 시혜적 활동이 아니다. 한국 사회의 성숙도를 가늠하는 척도이자 교회의 본질적 사명이다. 지난 30년 동안 현장에서 축적된 땀방울 섞인 데이터들을 정제하여, 다문화 현상 너머 본질을 꿰뚫는 이주민 선교를 향한 미래 전략을 도출했다. 다양한 목소리가 담긴 이 논단들은 우리가 더불어 살아가는 미래 공동체의 설계도이다. 이 지성적 성찰을 통해, 보이지 않는 경계를 허물고 이 땅 위에 하나님 나라의 공의와 사랑이 실현되는 역동적인 비전을 공유하고자 한다.

다문화 사회 현상과 교회의 선교적 대응

신상록 목사*

한국의 다문화 사회 형성은 근대 국가 성립 이래 경제 성장과 궤를 같이하며 지속적으로 발전해 왔다. 그러나 한국에서 '다문화 사회'가 본격적으로 형성되기 시작한 시기는 일반적으로 1980년대 후반부터 2000년대 초까지이다. 이 시기는 한국 사회에 다양한 외국인 인구가 유입되기 시작하며, 기존의 단일 민족 국가라는 정체성에 변화를 가져온 전환기였다.

최근 이주민의 급속한 증가로 다문화 사회 현상이 국가적 의제로 새롭게 조명을 받고 있는 이유는 저출생 고령화 현상의 심화와 산업 인력의 절대적 부족 때문이다. 반면 한국 사회가 이주민을 주로 경제적 측면에서만 선택적으로 수용한다는 비판도 많은데 이는 다문화 사회 형성 초기부터 현재까지 꾸준히 제기되어 온 핵심적인 문제이다. 이는 이민 정책의 근본적인 목적이 국

* 상명대 교수이며, 사단법인 함께하는 다문화네트워크 이사장으로 섬기고 있다.

가 경쟁력 유지와 산업 현장의 노동력 부족 해소에 집중되어 있기 때문이다.

그러나 최근 이주 인구 의존도가 높아지고 단기 순환보다는 장기 거주 비율이 높아지면서 함께 살아야 하는 이웃이라는 분위기가 고조되고 있다. 이는 침체되고 있는 한국 교회의 목회 사역에 시사하는 바가 적지 않다. 이주민이 한국 교회에 새로운 활력소가 될 수 있느냐와 관련이 있기 때문이다.

한편 다문화 사회 형성과 관련하여 한국 교회가 파송한 선교사들의 활동 경험은 이주민들의 한국 유입에 간접적인 영향을 미쳤다고 볼 수 있다. 첫째, 아시아 지역에 파송되었던 한국 선교사들은 현지 교회와의 네트워크를 통해 한국 이주 정보를 제공하거나, 이주민들이 한국에 도착했을 때 본국 교회의 추천을 통해 한국 교회와 쉽게 연결되도록 도움을 주었다. 둘째, 선교사들의 활동은 한국에 대한 긍정적인 이미지를 형성하는 데 일조했으며, 일부 이주민에게는 경제적 기회뿐 아니라 종교적 기회로서의 한국 이주를 고려하게 하는 동기가 되었다. 셋째, 최근에는 해외 사역을 마무리하거나 철수한 선교사들이 국내 이주민 사역으로 전환하는 비율이 높아지고 있다. 이는 이주민을 '앞마당으로 온 선교 대상'으로 인식하게 하며 국내 이주민 공동체 형성에 전문적인 인력과 자원을 투입하는 효과를 낳고 있다.

이러한 점에서 한국 교회는 '이웃이 된 이주민들'을 주목할 필요가 있다. 다만 우려되는 점은 한국 교회가 이들을 교회 성장의 대안적 도구가 아닌 목회적 돌봄의 대상이자, 함께 하나님의 나라를 일궈 갈 동역자로 존중하고 있느냐 하는 문제다.

1. 다문화 사회 현상

한국 사회에 부는 다문화 사회 현상은 다양한 국적, 인종, 문화, 언어, 종교 등을 가진 사람들이 한 국가 또는 지역에서 공존하며 상호 작용하는 상황으로 나타난다. 이러한 현상은 국경을 넘어 이주하거나 이민자로서 다른 나라로 이동한 사람들과 그들의 후손들이 현지 사회에 통합되어 살아가는 과정에서 나타나고 있다.

다문화 사회는 다양성을 인정하고 존중하는 사회적인 변화를 요구한다. 이는 단순히 다양한 문화가 공존하는 것뿐만 아니라 사회적, 경제적, 정치적 차원에서의 다양성을 수용하고 존중하는 것을 의미한다. 이러한 현상은 세계화와 이주에 따른 인구 이동의 결과로서 국경을 넘어 유입되는 문화적 영향 등으로 발생하며, 점점 더 많은 국가와 지역에서 관찰되고 있다.

2. 다문화 현상과 문제점

역사적 격랑 속에서 이주민의 꾸준한 증가가 있었지만 1990년대 이전까지는 아무도 다문화 사회로서의 대한민국을 생각하지 못하고 있었던 것 같다. 한국 사회에 다문화 열풍이 일어난 계기는 2005년 미국 풋볼 최우수 선수인 하인스 워드의 한국 방문이 영향을 미친 것으로 보인다. 한국인 여성과 미국인 남성 사이에서 태어난 하인스 워드가 세계적인 선수가 되어 어머니의 나라인 한국을 방문한 것은 언론의 큰 주목을 받았다.[*]

워드의 방문은 언론과 국민의 시선이 한국에 이주하여 살고 있는 이주민들을 다문화라는 프리즘으로 바라보는 계기가 되었다. 그 후 노무현 정부는 2007년 '재한 외국인 처우 기본법'을 제정하여 이주민들의 권익 보호와 정착을 지원하는 토대를 마련하고, 2008년에는 '다문화 가족 지원법'을 제정하여 국제결혼 제도를 정비하였으며, 지자체는 조례를 통해 지원 체계를 구체화하기에 이르렀다.

문제점 ①

그런데 그 과정에서 이런저런 문제가 발견되었다. 부부가 외국인인 이주민 가족은 다문화 가족으로 인정받지 못하고, 지원 대상에서 제외되면서 다문화 가족과 외국인 가족으로 이원화가 이루어졌다. 이러한 구분은 이주민 정책을 입안하고 추진하는 데 있어서 현실을 반영하지 못한 결과라고 할 수 있다. 이에 필자

---

[*] 서울시티, 2006년 6월 5일 자.

는 일선 공무원에게 그들도 넓게 보면 다문화 가족이라고 지적한 바 있다. 하지만 돌아온 대답은 가슴을 쓰리게 했다. "그들은 언젠가 떠날 사람들이지만 다문화 가족은 한국에서 살 사람들이라며 당연히 지원해야 한다"라고 말했다.

안타까운 것은 이주민들을 국가 대계라는 사회 통합 차원에서 바라보지 않고 근시안적 제도의 틀 안에서만 이해하려 한다는 점이다. 그렇다면 외국인 신분을 가진 이주민들, 특히 부부가 모두 외국인인 이주민들은 다문화 가족 범주에 포함되지 않으니 어떠한 지원도 하지 말아야 하는가? 농어촌과 제조업 분야 산업 인력의 90% 이상이 외국인 노동자들이다. 그들은 생산자이며 소비자로서 세금도 내고 있는데, 언제까지 외면하고 있어야 하는가? 세계화 시대를 살아가는 공무원들의 생각이 이렇게 좁아서야 어떻게 다양성이 존중되는 다문화 사회를 만들 수 있으며, 사회 통합이 이루어지겠는가, 하는 자괴감이 들었다.

한국을 다문화 사회라고 할 때는 국내에 거주하는 모든 재한 이주민이 포함되지만, 예산을 편성하고 지원할 때는 외국인 가족은 제외되는 기현상이 나타나는 것이 현실이다. 그 결과 정책이나 지원에서도 외국인 2세들은 제외된다. 이렇게 된 이유는 2008년 3월 여성가족부가 다문화 가족을 정의할 때 한국인과 외국인의 혼인만을 다문화 가족으로 규정하여 법률화했기 때문이다(지원법 제2조 제1호). 이는 정책 대상을 거시적으로 보지 못한 결과이다.

문제점 ②

또한 한국인과 재혼하여 데려온 중도 입국 자녀들은 다만 정책 대상으로 분류되어 국내에서 교육은 받지만, 법적 지원 대상에서 제외되고 법적인 지위를 유지하지 못하고 있는 것도 시급히 해결해야 할 과제이다. 중도 입국 자녀는 '다문화 가족 지원법'에 의한 다문화 가족의 자녀로서, 또는 '재한 외국인 처우 기본법'상의 재한 외국인으로서 관련 부처(여성가족부, 교육부 등)의 정책 지원 대상이지만, 현행 법체계 내에서 정책적 필요에 따라 지원 대상에 포함하고 있다.

이러한 점 때문에 고등학생 연령의 경우 취학 자체가 거부당할 때가 많다. 첫째, 학교장의 재량에 따라 취학 여부가 결정되어서 학교장이 거부하면 입학할 방법이 없다. 둘째, 취학에 필요한 서류 미비로 다문화 예비 학교를 통해 학력 심의와 취학을 원하는 경우, 고등학생 3학년 학령기 학생의 경우 졸업 전까지 만 18세를 넘기는 것으로 인지되면, 교육 이수는 가능하나 학력 심의는 불가하여 사실상 취학이 불가능하다.

그런데 중도에 이주하는 학생의 경우 서류 준비와 비자 취득 등, 이주 과정에서 소요되는 기간 등에서 상당한 시일이 필요하므로 한국의 취학 제도를 따르기란 어려운 부분이 많다. 2024년 경기도형 권역별 다문화 예비 학교 운용 지침에 의하면, 모집 대상 '나 항'에는 2006~2011년생으로 제한되어서, 2006년생인 경우에 생일이 지난 고등학교 3학년 학생은 심사 불가로 공교육 취학이 제한된다. 설령 학생의 학년을 낮추어 입학을 희망하더라도 교육 당국은 지침을 근거로 거부하고 있다.

이는 이주 청소년들의 교육 인권 보호나 장래를 생각하기보다는 제도에 갇혀 있는 답답한 현실을 보여 주는 사례이다. 학생을 교육하기 위한 제도가 도리어 학생의 장래를 가로막는 장애물 역할을 하는 것이다.

문제점 ③

유학생들도 다문화 사회 현상의 한 축을 이룬다. 유학생은 2019년에 코로나19 여파로 152,281명으로 감소했다가 2021~2022년에 16만 명으로 다시 회복되었다. 언어 과정에 있는 유학생들까지 합하면 20만 명을 넘는다. 최근 교육부는 유학생들을 2027년까지 30만 명 유치하여 세계 10대 유학 강국으로 만들겠다고 발표하였다.

이렇게 되면 다양한 국가와 문화적 배경을 가지고 있는 세계의 젊은이들이 한국 사회와 교류하며 학문의 깊이와 질적인 수준이 향상될 것이며, 다양성은 풍부해질 것이다. 그러나 우려가 없는 것은 아니다. 2024년 기준 전국 대학 수는 전문대학 131개,

일반대학 201개로 총 332개이다.

문제는 지방대학의 경우 유학생 의존도^(학생 확충, 재정 등)가 점점 커지고 있다는 점이다. 이는 한국어 이해가 부족한 유학생 수업 이해도가 떨어져 학문의 질적인 부분이 낮아질 가능성이 크고, 또 졸업 후 국내에서 취업을 원하면 현장과 전공 사이 불일치 등 극복해야 할 난관으로 작용할 수 있다. 무엇보다 대학은 홍보와 학생 유치에 집중하지만 대부분 졸업 후의 취업을 위한 사후 프로그램이 마련되지 못하고 있다. 그러므로 독일이나 일본, 대만처럼 육성형 유학생 유치 정책이 필요하다.

문제점 ④

한국은 1992년 유엔난민협약에 가입하였고, 2012년 아시아 최초 난민법 제정을 통해 난민 지위 인정 및 처우에 대한 법적 근거를 마련하였다. 2024년 12월 31일 기준으로, 한국의 누적 난민 신청자는 12만 2,095명이며, 이 중 난민으로 최종 인정된 인원은 총 1,544명이다.

이처럼 먼 나라 일로만 여겼던 난민 신청 누적이 10만여 명이 넘었다는 것은 사회 통합 차원에서나 이들의 처우를 위해서도 한국 사회에 여러 가지 중요한 과제와 시사점을 던져 주고 있다. 즉 한국이 국제 사회의 책임 있는 일원으로서 난민 보호 시스템을 내실화하고, 이들이 한국 사회의 구성원으로 자리 잡을 수 있도록 실질적인 사회 통합 정책과 인도적인 처우 개선 방안을 시급히 마련해야 하는 것이다.

한국국제협력단(KOICA)의 인도적 지원 민관 협력 프로그램은 그 대표적 사례이다. 정부 예산을 활용하여 민간 NGO들이 해외 난민 캠프 등에서 긴급 구호, 조기 복구, 난민 지원 활동을 수행하도록 지원하는 일을 한다. 그 밖에도 국내 난민 지원 네트워크를 통해 법무부, 외교부 등 정부 기관과 유엔난민기구 한국대표부, 난민인권센터, 어필 등 다양한 민간단체가 협력하여 난민 보호와 지원 방안을 논의하고 있다.

지역사회 연계 프로그램은 일부 교회나 시민 단체가 지자체와 협력하여 난민 가정에 대한 멘토링, 한국어 교육, 일자리 연계 등을 진행하고 있다. 난민들을 돌보고 지원하는 일은 민관의 협력이 중요하다. 정부(공공 부문)와 민간단체(NGO), 지역사회가 각자의 역할을 유기적으로 수행할 때 비로소 효과적이고 지속 가능한 지원이 가능하다. 특히 민간단체는 공공 지원의 틈새를 채우며, 긴급 구호나 생계 지원, 주거 연계 등 실질적인 도움을 제공하는 일에 앞장서 왔다.

그러나 한국이 난민협약국이 된 지 30년이 넘었고 난민 신청자가 급증하고 있음에도 불구하고 큰 변화가 없는 것은 여전히 풀리지 않는 숙제이다. 난민협약에 가입한 아시아 최초 국가라는 점을 강조하면서도 난민 인정 비율이 매우 낮아 OECD 국가

들의 평균 난민 인정률 약 23~35%와 비교했을 때 한국의 인정률
은 2023년 기준 1.8%로 최하위권에 속한다.

법무부 통계 월보에 의하면 2024년 12월 현재 국내 체류 이주
민은 2,650,783명이다. 머지않아 300만 명(인구의 5% 이상)이 넘을 것
으로 예측된다. 그러나 이제 숫자는 별 의미가 없다. 이미 우리
사회는 다문화 사회라는 국민적 공감대가 형성되었기 때문이다.
물론 일부 언론이 인용하는 OECD가 다문화 국가 기준 5%라는
주장은 아무 근거가 없다.

중요한 것은 우리 사회가 산업 인력으로 이주민을 필요로 하
고 있고, 사회 분위기도 다문화 사회를 받아들이고 있다는 점이
다. 이러한 다인종, 다문화 현상은 한국 사회에 새로운 도전과
기회를 제공하고 있다. 다문화 사회를 효과적으로 관리하고 긍
정적인 변화를 이끌어 내기 위해서는 상호 이해와 존중, 인종차
별 없는 사회, 포용적인 정책과 제도, 교육의 역할이 필요하다.
이러한 사회적 환경의 변화 속에서 한국 교회의 역할은 무엇이
며, 어떻게 대응해야 하는가?

3. 다문화 사회에서 한국 교회의 역할

첫째, 이주민에 대한 왜곡된 인식 개선에 앞장서야 한다.

지난 30여 년 동안 대한민국의 이민 정책은 경제적 측면에서
이주를 받아들이고 활용해 왔다. 그러나 교회는 경제적 실용성

을 넘어 인간 존엄성이라는 근본적인 가치에 기반한 시각을 가져야 한다. 모든 인간은 국적, 인종, 경제적 지위와 관계없이 동등한 존엄성을 가지고 태어난다. 이주민을 단순히 노동력 공급원이나 경제 주체로만 바라보는 시각은 그들의 다양한 삶의 배경, 문화, 개인적인 필요를 간과하게 만든다.

이는 편견과 차별로 이어질 수 있다는 점에서 성경의 가치와 배치된다. 이주민을 하나님의 형상으로 지음받은 소중한 존재로 바라보아야 한다(창 1:26~27). 그들의 인권과 존엄성을 존중하는 전인적인 시각(살전 5:23, 고전 6:19~20)은 이주민 정책과 사회적 인식 개선에 있어 가장 근본적인 토대가 되어야 할 것이다. 이를 위해 한국 교회는 이주민에 대한 성경적 인식 개선(캠페인, 포럼 등)에 앞장서야 한다.

둘째, 차별과 편견의 시선을 극복해야 한다.

모든 사람은 평등하게 대우받을 권리가 있다. 이주민에 대한 차별은 사회적 배제와 갈등을 초래하지만 상호 존중과 포용은 사회 통합을 강화하고 안정적인 공동체를 만든다. 예수님은 차별과 편견의 상징인 사마리아 성에 가서서 복음과 사랑을 전하셨다. 복음은 유대인, 이방인, 문화인, 야만인의 인종적 차별을 극복한다(갈 3:28, 골 3:11, 롬 10:12, 행 10:34~35). 교회는 이주민을 향한 인식 개선과 적극적인 교류와 소통에 앞장서야 한다. 이를 위한 다양한 문화 교류와 행사를 마련하여 지역 주민과의 하모니가 이루어질 수 있도록 노력해야 한다.

최근 캄보디아에서 일어났던 한국인 사망 사건과 관련하여, 캄보디아 이주민들에 대한 인식이 부정적으로 바뀌었다. 하지만 교회는 그들을 차갑게 대하거나 범죄자 취급해서는 안 된다. 이번 기회에 인간의 악한 성향을 인식하고 회개의 기회로 삼아 하나님을 떠난 세속주의를 경계할 수 있어야 한다. 모든 사람은 죄인이다.

셋째, 이주민 한 사람 한 사람을 소중히 대해야 한다.

국가는 이주민들을 부족한 산업 인력(대체 인력)으로, 값싼 노동력으로 여겨 왔다. 그렇다면 교회는 다른가? 교회는 이주민들을 어떻게 여겨 왔는가? 반성할 점은 없는가? 자본주의적 시각에서 완전히 자유로울 수 있는가?

그런 점에서 이주민들을 단지 교회 성장의 대안으로 여기는 것이 과연 옳은 것인지 윤리적 판단이 필요하나. 하나님 나라를 세우는 동역자로, 목회의 대상으로 여겨야 한다. 그들을 일시적 성장의 도구로 대하려는 유혹을 극복하자. 그들은 우리 곁에 온 형제들이며 이웃이다.

넷째, 이주민의 인권 보호와 권익 증진을 위한 법률 제정에 앞장서야 한다.

이 일은 교회의 사회적 역할이다. 혹자는 이를 두고 교회가 종교와 정치의 분리라는 법률적 합의를 위반하는 것 아니냐고 반문할 수 있다. 그러나 이러한 주장은 성경의 가르침에 부합하는 것이 아니다. 교회는 도움이 필요한 이웃에게 손을 내밀어야 한다. 사회 속에서 빛과 소금의 역할을 감당하기 위해 적극적인 행동이 필요하다.

교회는 추상적인 사랑을 넘어, 법률 제정을 촉구하고 이주민 센터를 운영하는 등 구체적이고 실제적인 행동을 통해 사회 변화에 기여해야 한다. 사람들은 현대 교회가 스스로 게토화의 길로 들어가고 있다고 지적한다. 지금은 한국 사회도, 한국 교회도 위기의 시대를 살고 있다. 이를 극복하기 위해서는, 세상을 변화시키는 사회적 목회로의 전환이 필요하다. 세상은 병들었는데 교회가 아무런 역할도 못 한다면 그 교회는 성경이 말하는 교회가 아니다.

결론

이주민의 증가는 한국 사회와 교회에 큰 도전과 변화를 일으키고 있다. 특히 교회는 코로나 팬데믹 이후 사회적 역할에 대한 심각한 도전에 직면해 왔다. 80~90년대에 추구했던 도널드 A. 맥가브란(Donald A. McGavran)의 수직적 교회 성장 전략은 더 이상 매력을 주지 못한다. 이제는 교회가 사회적 목회나 글로벌 사역의 시대로 전환되어야 한다는 요구가 높다.

앞에서 언급했지만 이주민들은 선교나 목회의 대상이지 교회 성장의 도구가 아니다. 하나님께서 이주민들을 대한민국에 보내신 이유를 생각해 보아야 한다. 세속화되고 물량화되고 있는 한국 교회를 흔들어 깨우기 위함이 아닐까 생각한다.

한국 교회는 러시아-우크라이나 전쟁을 영적인 시각에서 보아야 한다. 2014년 2월 러시아의 크림반도 점령으로 시작된 러시아와 우크라이나의 전쟁은 발발 1년 만에 800만 명 이상의 난민을 발생시켰다. 그런데 유럽에 흩어진 우크라이나 난민들이 가는 곳마다 교회를 세우고 유럽 교회를 깨우는 놀라운 일이 일어나고 있는 것이다.

현지 선교사들의 보고에 의하면 우크라이나 난민들이 가는 곳마다 교회가 개척되는 놀라운 현상을 목도한다고 한다. 우크라이나 난민들이 더 이상 난민이 아니라 유럽의 재부흥과 우크라이나를 영적으로 재건하기 위해 하나님이 끌어내신 선교사임을 강조하였다.

그렇다고 전쟁을 미화하거나 침략이 정당한 것이라고 주장하는 것은 아니나. 사람이 계획할지라도 그 길을 인도하시는 이는 분명 하나님이시다. 그러므로 확신하건대 이주민들은 한국 교회를 회복시키기 원하시는 하나님의 선한 일꾼으로 이 땅 대한민국에 보내신 사람들이라 확신하며 글을 마친다.

한국 이민 정책과 이주민 선교

정노화 선교사*

1. 들어가며

2025년 8월 기준 국내 체류 외국인은** 경상북도 인구보다 많은 273만 명 정도이다. 저출산, 고령화, 인구 절벽, 인구 소멸 및 지방 소멸 등 사회적 이슈를 반영하는 단어들의 출현과 함께 다양한 변화 속에서 한국은 이주민을 빠르게 수용해야 하는 상황에 놓여 있다. 또한 정부가 수립하는 국토 종합 계획 보고서 '그랜드 비전 2050'에서도 첫 번째 메가트렌드를 저인구, 초고령화, 다문화 사회로 꼽고 이에 대비해 나가고자 하고 있다.

이에 반응하는 한국 교회는 얼마 전 『한국 교회 트렌드 2026』***을 통해 열 가지의 트렌드 중 하나로 이주민 선교를 지적하고

---

* 1996년부터 이주민 사역을 시작하여 2007년 KPM(고신) 국내 이주민 선교사로 파송, 부산인도네시아교회(2002년 설립) 담임, 군포다문화교회 담임, 부산외국인근로자선교회 대표, 군포이주와다문화센터 대표, 김해이주민의집 대표, 한국이주민선교단체연합(KIMA) 상임대표 등으로 사역했다. 이민 정책으로 행정학 Ph.D를 받았고, 고신대학교 객원교수, 대림대학교 특임교수, 한국행정학회, 이민행정학회, 이민정책학회 및 정부 이민 관련 연구 등으로 활동 중이다.

** 2025년 8월 출입국 외국인 정책 통계 월보.

있다. 한국 교회 목회자들 99%가 앞으로 이주민 선교를 해야 한다는 사실에 동의하고 있으며, 87%의 성도들이 이를 인식하고 있다고 한다. 세계와 한국에서 점점 중요성이 커지고 있는 이주 현상을 배경으로, 국가가 어떠한 이민 정책을 펼치고 있는지 살펴보는 한편, 이러한 정책과 병행하여 고유성을 유지한 이주민 선교를 어떻게 전개할 수 있을지 살펴보고자 한다.

2. 이민 정책

1) 정책 이해

정책이란 '정부나 조직이 특정 문제를 해결하거나 공익을 달성하기 위해 공식적으로 결정하고 수행하는 행동 방침'을 말한다. 가장 간략하게는 '정부의 책략'이라고 한다. 즉 어떠한 문제를 해결하고 공익을 실현하기 위해 법이나 세도 등의 구체적인 행동 방안이라는 수단을 사용하여 클라이언트(정책 대상)에게 영향을 미치는 것을 말한다.

2) 이민 정책

이혜경은 이민 정책을 '국가가 내국인과 외국인의 이출과 이

*** 지용근 외, 『한국 교회 트렌드 2026』 규장, 2025.

입을 관리함으로써 인구 이동의 양과 질을 통제하려는 정책'이라고 정의하며, 나아가 '출입국 관리, 체류 관리, 국적 관리, 사회 통합 등을 아우르는 종합 정책'이라고 하였다.* 즉 이민에 대한 정부의 책략인데 그 범위와 대상에 대하여 규정하고 정부가 국익과 공익을 위하여 실시하는 행동 방침이라고 할 수 있다.

3) 범위와 대상

이민 정책은 이민자들에게만 국한되는 문제가 아니다. 국가의 이익을 위해 어떠한 사람을 얼마나 데리고 와야 하는가에서부터 철저하게 우리의 문제로 다루어야 하기 때문이다. 과다하면 국민의 일자리를 잃게 되고, 부족하면 국가 발전에 지장을 가져온다. 그리고 한번 데리고 들어온 다음에는 쉽게 내보내기가 어려운 점 등은 여러 나라의 경험에서 난제 중 하나인 것을 볼 수 있기도 하다.

유입 정책에서는 다수가 점수제로 누구를 데려올 것인가를 선별하고, 그 규모는 정부의 각 부처 관계자들이 모여 조율하는 것으로 주로 국무총리실 산하에 두고 있다. 한국 역시 이러한 형태를 가지고 있다. 편입 정책에 있어서는 체류 관리의 영역인데, 한국은 사회 통합 정책의 기조 아래 이주민의 한국어와 한국 사

* 이혜경, 『이민과 이민 정책의 개념』 박영사, 2016.

회 이해 교육에 집중하고 있다. 그러나 유럽연합과 OECD 등에서는 취업, 주거, 교육 서비스나 공공 서비스 이용, 영주권 또는 국적 취득, 정치 참여, 자국민 대상 반차별 정책 등을 주요 영역으로 다루고 있다. 이러한 면에서 아직 한국은 그 범위와 대상에서 이주민 중심이라는 한계를 가지고 있다.

4) 정책 추진 체계

① 중앙 행정 기관의 분산과 한계: 우리 정부는 이주민의 대상별 중앙 행정 기관의 담당 부서가 구분되어 있어 각자의 역할을 하도록 규정하고 있다. 이는 부처 간 칸막이 행정으로 인해 오래전부터 소통 부재와 중복 투자 등의 문제점이 지속적으로 지적되어 왔다.

이를 극복해 보고자 총리실 산하에 외국인정책위원회, 외국인력정책위원회, 다문화가족정책위원회, 재외동포정책위원회 등으로 주관 부서 및 관련 부서가 함께 모여 규모와 정책을 심의 결정하고 집행을 통합 및 분산하려는 노력을 기울이고 있다.

② 추진 체계: 정부는 '재한 외국인 처우 기본법'에 근거하여 외국인 정책 기본 계획을 매 5년마다 수립하고, 다양한 정책 과제 및 예산을 수립 집행하고 있다. 현재는 2023~2027년 제4차 외국인 정책 기본 계획이 진행 중에 있다. 과제 집행을 위해서 2조 3천억 원 정도가 편성되어 매년 5천억 원 정도의 예산이 사용

정부 부처	정책 대상	하위 구조(업무 담당)	역할
법무부	모든 이주민 및 국내 체류 동포	출입국외국인정책본부 사)한국이민재단	국경 관리, 체류 관리, 사회 통합 지원, 동포/외국인 근로자 (E-7-4) 관리
고용노동부	외국인 근로자	한국산업인력공단	외국인 근로자(E-9, H-2) 관리
여성가족부	국제결혼 가정	한국건강가정진흥원	결혼 이민자(F-6) 및 가족 지원
외교부	국내외 동포	재외동포청	재외 동포 및 국내 체류 동포 지원
행정안전부	선주민, 이주민	사회통합지원과	지역 주민과 이주민의 일원화된 통합 관리
산업통상부	우수 인재	KOTRA, 글로벌인재실	우수 인재 선발, 추천 등

되고 있다. 또한 '다문화 가족법'에 근거한 제4차 다문화 가족 정책 기본 계획(2023~2027년) 역시 과제와 예산이 2조 원 이상이 수립되어 있어 두 가지 기본 계획과 과제 수행을 위해 매년 1조 원에 가까운 예산이 편성·사용되고 있다. 이에 그 과제들을 잘 살펴서 이주민 선교에 선용할 수 있는 부분이 어디인지 파악하는 것이 필요하다.

위의 정책들은 중앙에서 수립되지만 대부분 전달 체계를 가지고 있다. 즉 중앙 → 광역 → 기초 → 민간으로 이어지는 구조이기에 정부 정책이 민간 위탁되는 과정에서 일정 부분 교회와 선교 단체가 조심스럽게 개입할 수 있다. 정책의 변화에 따라 관련 사업은 생성, 소멸 또는 변형이 자주 있으며, 위탁은 주로 2~3년의 주기를 가지고 있는데 대표적으로 민간 위탁까지 이어지는 정책은 다음과 같다.

중앙	정책	거점		민간 위탁
		중앙	지역	
법무부	사회 통합 프로그램	한국이민재단	45개 (민간 위탁)	340개 운영 기관
	조기 적응 프로그램	한국이민재단		141개 지정 운영 (대상별 선택)
	동포 체류 지원 단체			23개 지정 운영 (2년마다 지정)
여성 가족부	다문화가족 지원센터, 가족센터, 건강가정지원센터	한국건강가정 진흥원	광역 센터	225개
고용 노동부	외국인력지원 센터	직영	지자체	부처 직영, 지자체 등 (정권의 변화에 따라 급변)
교육부	지역다문화 교육지원센터	중앙다문화 교육센터 (평교원 운영)	17개 시도 교육청 각각 운영	
	한국어 교육	광역 교육청	교육지청	학교 - 다문화 특별 학급, 대안 학교 경기 한국어 랭귀지 스쿨 (경기도형)

5) 대상별 이민 정책

① 외국인 근로자: 외국인 인력 정책은 산업 연수생 제도, 해외투자 기업 연수생, 고용허가제(E-9 단순 또는 비숙련 인력), 방문취업제(H-2 특별고용허가제), 계절 근로자(E-8), 선원 인력(E-10), 특정 활동(E-7 숙련 인력), 우수 인재 트랙 등으로 발전하면서 진행되어 왔다. 이를 표로 간단히 정리하자면 다음과 같다.

제도	규모	직종
고용허가제(E-9)	연간 5~6만 명 입국, 2025년 13만 명 배정, 전체 27만 명 규모	300인 이하 중소기업, 뿌리 기업, 단순 노무
방문취업제(H-2)	2014년 27만 명 규모에서 2025년 8만 8천 명으로 감소	네거티브 제도로 취업 불가한 지정 직종 외 모두 가능
계절 근로자(E-8)	2025년 9만 5천 명 배정	농업과 어업 분야
어선원(E-10)	2025년 2천 1백 명 배정, 전체 2만 명	20톤 이상 근해어선
특정 활동(E-7)	E-7-1~3은 규모를 정하지 않으며, E-7-4는 3만 5천 명	전문, 준전문, 일반 기능, 숙련 기능으로 80개 직종 지정
우수 인재(E-1~3)	규모 없음, 필요와 검증에 따라	연구원, 고급 기술, 창업 등

② 유학생: 유학생은 D-4-1 어학연수에서부터 전문학사 D-2-1, 학사 D-2-2, 석사 D-2-3, 박사 D-2-4 등으로 구분되며, 졸업 후 구직 D-10까지의 영역으로 구분할 수 있다. 이후 전공과 취업 분야가 연계되어 기업과의 계약이 이루어져 취업이 되면

E-7-1(67개 직종) 또는 E-7-2(10개 직종)로 체류할 수 있게 된다. 3년 정도가 지나면 우수 인재 점수제에 따라 거주(F-2-7) 체류 자격을 얻게 되며, 이는 취업이 아니어도 자유롭게 거주하게 된다. 이후 영주권(F-5)으로 국내에 장기 체류할 수 있고 귀화를 선택할 수도 있다. 유학생 관련한 정책을 정리하면 다음과 같다.

정책	내용
Study Korea 300K	2027년까지 30만 명의 유학생을 유치, 세계 10위 유학 강국
유학생통합지원센터	유학생 유치 및 관리, 취업으로의 연계 등에 어려움을 겪고 있는 대학과 지역을 지원
시간제 취업	외국인 유학생 체류 자격 외 활동으로 어학 과정과 학부생은 주 20~25시간, 대학원은 주 30~35시간 시간제 취업 가능
취업 지원	80% 이상 한국 취업 희망, 취업률은 10% 내외(2022년 16%) 2025년 말까지 한시적으로 GNI 80%와 70%를 56% 수준으로 하향
구직 비자(D-10) 및 기간 조정	대학(D-2) 졸업 후 2년간 구직(D-10) 노력을 최대 3년으로 연장 인턴십도 단일 기업 6개월에서 1년으로 확대, 총 인턴십은 제한 없음
E-7-M(예정)	전문대학(D-2-1)은 졸업 후 1년의 경력 등을 요구하지만 신설되는 비자는 경력 없이 바로 취업 가능하도록 유도

③ 이주 배경 가정 정책: 이주민의 정착을 지원하는 다문화가족지원센터(현재는 건강가정지원센터, 또는 가족센터로 통합 운영되는 지자체가 많음)

는 다문화 가정의 학습 지원, 돌봄 지원, 다문화 학교, 취·창업 지원 등 다양한 사업을 진행하고 있다. 이에 국제결혼을 한 가정과 자녀에 대한 정책은 정착되었다고 판단하고 있으며, 현재는 '외국인+외국인' 가정에 대한 정책들이 시급한 상황이다. 특히 중도 입국 자녀(이주 배경 아동·청소년) 지원 사업이 서울시와 경기도 중심으로 활발하게 일어나고 있으며, 경기도 교육청은 34개 지자체에 '경기도 한국어 랭귀지 스쿨'을 위탁 학교 형태로 운영하고 있다.

④ 국내 체류 재외 동포 정책: 기존 법무부 중심으로 이루어지던 국내 체류 재외 동포 관련 정책이 재외동포청의 발족과 함께 해외 체류 동포뿐만 아니라 국내 체류 동포 정책도 포괄하여 시행되고 있다. 동포체류지원센터를 통하여 국내에 입국한 중국 동포(조선족) 및 고려인 동포를 지원하는데, 동포를 대상으로 선교할 때 정책과 연계하여 다양한 접근이 가능할 것이다.

난민과 관련해서는 난민법, 재정착 난민 제도, 인도적 체류 허가 등을 살펴야 하며, 우수 인재 유치를 위한 K-Star 프로그램 등 다양한 이민 정책도 존재한다. 그러나 지면의 한계로 인해 이 모든 내용을 일일이 열거하기는 어렵다.

3. 이주민 선교

1) 이주민 선교의 대상

외국인이 한국으로 이주해 와서 살아가기 위해서는 체류를 위한 특별한 체류 자격(비자)이 필요하며, 이에 따라 취업 등 각종 활동도 가능해진다. 따라서 이주민 선교는 이러한 체류 자격별로 구분되는 다양한 분야의 특정 대상에게 복음을 전하는 사역이라 할 수 있다.

한국으로 이주한 이주민을 구분하면 근로자, 결혼 이민자, 유학생(또는 국제 학생), 동포, 난민, 이주 배경 자녀 등이 되겠고, 이들은 각자 다른 체류 조건과 필요가 있기 때문에 대상을 특정하여 선교에 접근하는 전략이 필요하다. 가장 많은 이주민이 외국인 근로자이기 때문에 근로자에 대한 이해 없이는 효과적으로 접근하기 어렵다. 오래전부터 가톨릭에서는 '노동 사목'이라는 형태로, 근래 한국에서는 직장인 선교 등으로 특정 영역에 전략을 구사하여 선교에 접근하고 있다. 결혼 이민자에 대하여는 또 다른 접근이 있어야 하며 유학생, 이주 배경 자녀, 동포, 난민 등 저마다 특수성과 일반성을 겸비한 선교 전략이 필요하다.

2) 영역

이주민의 필요에 따라 선교적 접근 영역은 자연스럽게 구분

될 수 있다. 복음 전파와 교회 개척을 비롯해 복지, 인권, 상담, 교육, 문화, 의료, 법률, 국가별 전통 행사 등 다양한 영역을 통해 이주민 선교에 접근할 수 있다. 이러한 영역을 세분화하여 접근한다는 것은 그만큼 해당 분야에 대한 전문적인 식견과 역량을 갖추고 있음을 의미한다.

실제로 많은 이주민 선교 교회와 단체들은 여러 영역을 혼합하여 사역을 전개하며 이를 '총체적 선교'라고 부르기도 한다. 그러나 보다 전문적인 선교적 접근이라 할 수 있는 것은 각 영역을 구분하여 장기적, 전문적으로 사역하는 방식이다. 이는 이주민들이 종교의 장벽을 넘기 이전에 사회 속에서 소통하고 필요를 충족시키는 데 중요한 힘이 될 것이다.

3) 방법 - 모든 가용한 방법을 동원하여

국내에서 내국인에게 복음을 전하는 것이 전도라면, 타 문화권 이주민을 대상으로 한 사역은 선교라고 할 수 있다. 전통적인 선교 이해가 속지주의(Jus Soli)에 기반하여 '가는 것'을 강조했다면, 오늘날에는 인구 이동의 증가와 함께 속인주의(Jus Sanguinis)의 관점에서 국내로 들어온 타 문화권 이주민에게 복음을 전하는 개념도 선교의 범주에 포함된다.

또한 '빵과 복음'의 논쟁에서 드러나듯, 선교는 단순한 복음 전파의 도구 전달을 넘어 하나님 사랑과 이웃 사랑을 실천하는 전인적 접근을 필요로 한다. 이는 이주민의 인권과 복지라는 실제적 필요를 함께 다루어야 함을 의미하며, 때로는 복음 전달 이전에 시급하게 해결해야 할 문제이기도 하고, 관계와 신뢰를 여는 출발점이 되기도 한다. 따라서 새로운 환경에 익숙하지 않은 이주민을 섬기는 데에는 총체적 선교(Wholistic Mission)가 반드시 요청된다고 할 수 있다.

4. 이민 정책과 이주민 선교의 관계

이주민의 영역에서는 이민을 받아들이는 시작에서부터 국익을 위한 정부의 책략이기 때문에 이주민 선교의 과정과 결과까지 연결되고 있어 이를 외면하거나 분리하기 어렵다 할 수 있을 것이다.

1) 정부의 이민 정책이 이주민 선교에 미치는 영향

이주민 사역의 현장에서는 늘 정부의 정책에 귀를 기울이고 있다. 이에 따라 사역 대상이 되고 있는 이주민의 환경이 변하기 때문이다. 1993년에 시작된 산업 연수생 제도는 2003년까지 사용되었고, 2004년부터 고용허가제가 실시되었다. 이 정책의 변화에 따라 이주민 교회는 위기를 맞이하였고, 교인 수가 절반 이하로 줄어들었으며 회심자도 급감하게 되었다.

산업 연수생 제도는 외국인 근로자를 연수생으로 규정해 임금을 약 30%만 지급하는 반면, 송출 비용은 지나치게 높아 결과적으로 80% 이상이 이탈하여 불법체류자를 양산하는 제도로 변질되었다. 이로 인해 발생한 신분의 불안정성은 자연스럽게 도움을 받을 수 있는 교회와 선교 단체로의 접근으로 이어지게 되었다. 열린 복음의 문으로 인해 역할은 많아졌고 열매도 풍성해졌다. 그러나 제도가 안정되어 가면서 더 이상 교회나 선교 단체의 도움이 필요 없어졌고, 자신들의 종교를 가져와 그대로 유지하는 형태로 바뀌었다. 한국 교회의 이슬람 경계 역시 이주해 온 파키스탄, 방글라데시 등 무슬림의 축소 정책으로 이어졌고, 현재 선교의 영역이 많이 감소된 상태이다.

현재와 미래의 이주민 정책에서 가장 큰 변화는 '이주민의 정착'이라 할 수 있다. 약 30년 동안 단기 순환을 정책 기조로 유지해 온 외국인 근로자와 유학생 정책은 이제 정주와 인구 문제로 전환되고 있다. 이는 이주민 선교와 이주민 교회에도 큰 변화를 요구하고 있다. 과거에는 역파송을 이주민 선교의 최종 목표로 삼았다면, 이제는 한국 교회와 함께하는 이주민 교회, 나아가 이주민과 함께하는 세계 선교라는 방향으로 변화하고 있는 것이다. 다시 말해 이주민을 둘러싼 사회적 변화와 제도 정책의 변화는 즉각적으로 이주민 선교에 영향을 미치며, 이에 대한 적절하고 효과적인 대응이 필수적이다.

2) 이민 정책 예산 사용과 추진 체계 참여

2013년 한국 교회 이주민 선교 기초 실태 조사에서 하나의 이주민 교회나 선교 단체가 1년에 사용하는 예산이 평균 500~1000만 원 정도인 것으로 나타났다. 조사되었던 500개 단체와 교회를 모두 합쳐도 50억 원 규모를 넘지 못하고 있을 때, 당시 정부의 이주민 정책 예산이 8천억 원을 넘어서고 있었다. 현재도 크게 변하지 않은 상황에서 단체가 1000개라고 하더라도 100억 원 규모인 반면, 정부의 1년 예산은 1조 원에 이르고 있다. 사회 통합 프로그램 385개 기관, 조기 적응 141개 기관, 다문화가족지원센터, 동포지원센터 등 경쟁이 되지 않는 규모이며, 외면하기 어려운 예산이다.

이를 공익을 위해 사용할 뿐만 아니라 그리스도의 사랑을 전달하는 도구로 사용할 수 없을까? 지혜를 다한다면 충분히 가능하다. 우선 교회나 기독교의 이름이 아니라 법인, 비영리 사업자 등의 이름으로 구조를 만들어야 한다. 사실 불교나 가톨릭은 이러한 분야에 매우 조직적이고 지혜롭게 대처하고 있다고 볼 수 있다. 이러한 정책을 집행하는 구조는 중앙 → 광역 → 기초 → 민간으로 이어지는 전달 체계에 참여하는 것이다. 단순히 이주민 교회나 교회 내 사역 등 교회적인 영역에서만 활동할 것이 아니라 구조를 만들어 전달 체계에 참여할 수 있다면 이민 정책을 부분적으로 활용하면서 선교를 펼쳐 나갈 수 있을 것이다.

3) 활용 가능한 이민 정책과 외줄 타기

많은 사람이 "정부 사업을 하면 선교는 불가능하다"라고 말한다. 일면은 맞고 일면은 틀리다고 말하고 싶다. 오랜 기간 정부 사업에 참여해 본 경험으로 말하자면 '선교로 활용 가능한 선까지 참여하는 것'이 현명하다. 여기에는 매우 위험한 외줄 타기가 존재한다. 너무 많이 사업을 수행하는 쪽으로 기울어지면 그 사업 수행에만 해도 엄청난 에너지가 투입되어 선교의 여력을 잃어버린다. 그렇다고 외면하고 선교에만 치중한다면 이주민을 접촉할 기회를 상실하게 된다. 그러므로 적정 수준에서 즉, 프로그램만 수행하는 정도에서 긴밀하게 협조해 나간다면 얼마든지 활용 가능하다. 또한 조직, 재원, 시스템이 받쳐 준다면 전적으로 큰 사업을 수탁해도 선교 영역을 확보할 수 있다.

5. 나가며

이 시대는 변화가 매우 빠른 시대이다. 특히 한국의 이민과 관련한 분야는 수시로 새로운 정책이 발표되고 있고, 정부는 변화를 예측하고 대응하려고 노력하고 있다. 이주민 선교를 수행하고 있는 사역자들 역시 이에 대한 배움과 미래 방향을 읽고 대비하는 자세가 필요하다. 이미 외국인 정책에서 이민 정책으로 용어를 전환하면서 인력에서 인구로, 단기 순환에서 장기 체류로, 중앙 중심에서 지방 중심으로, 칸막이 행정에서 통합으로 전환하고 있다. 지금까지 이어 온 30년의 이주민 선교 방향 그대로 계속해 나가기에는 한계에 다다랐다. 이에 이민 정책과 관련한 몇 가지 사역자의 자세를 요청하면서 글을 마치고자 한다.

첫째로 세계화, 글로컬화, 이주의 여성화, 위험의 외주화(위험한 일들을 이주민에게 전가하고 있는 현장) 등 이주와 관련한 다양한 변화에 민감하게 반응하고 학습하여 사역의 방향을 재조정하는 작업이 항상 요구된다. 정부의 연구 용역 등에 참여하면서 느끼는 바는 국가와 사회는 매우 다양한 고민과 연구를 거듭하고 있는데, 교회에서는 적극적으로 연구 작업과 준비, 대응책, 전략 마련이 일어나지 않는다는 것이다. 개인적으로 요구되는 부분이 많으므로 부르심에 따라 스스로 대응 체계를 마련해 가야 할 것이다.

둘째로 이주민 선교는 지역과 국가, 나아가 전 세계와 연결하는 선교이다. 그러므로 자신의 사역 카테고리에 고립되지 않도록 노력해야 한다. 영적이라고 부르거나 복음적이라고 하는 이름 하에 자기 자신만의 교회, 자기의 아성을 쌓고 세상과 소통하지 않으면 더 이상 나아갈 길이 없는 것이 이주민 선교이다. 다른 영역, 다른 국가, 해외 선교사, 전국 협의체, 교단 협의체, 지역 협의체, 현지인 사역자, 시민사회, 지방정부 등과 긴밀하게 소통하고 정보와 경험을 공유하면서 선한 영향력을 미치는 사역이 되어야 할 것이다.

셋째로 정책은 곧 사람이고, 사랑이다. 좋은 정책은 대단히 복음적이다. 여러 사람을 살리고 도움을 주며 인생을 풍성하게 해 준다. 그러므로 좋은 정책을 펼치는 일에 세상과 복음이라는 이분법을 적용하는 것은 옳지 않은 일이라는 것을 이해하고 보다 적극적으로 활용하고 참여하는 자세를 가져 보라고 권하고 싶다.

이주민 선교는 국가 정책의 영향을 긴밀히 받고 있는 이주민을 향한 복음 전달의 사역이다. 대상에 대한 이해 없이 대상화하는 사역이 더 위험한 일이기에 '일상으로 부름받은' 복음 사역자로서 배우는 자세와 낮아져 섬기는 마음으로 전진하는 한국의 이주민 선교가 되기를 기대한다.

유학생 사역을 어떻게 준비할 것인가?
- 영역주권적 전문인 선교 관점에서

문성주 목사*

1. 약속의 말씀과 영역주권 선교의 신학적 토대

하나님께서 약속의 말씀을 주셨다.

"네가 네 하나님 여호와의 말씀을 삼가 듣고 내가 오늘 네게 명령하는 그의 모든 명령을 지켜 행하면 네 하나님 여호와께서 너를 세계 모든 민족 위에 뛰어나게 하실 것이라"(신 28:1)

서울글로벌비전교회(GVC)의 유학생 선교는 개인의 경건이나 교회의 성장 전략을 넘어, 말씀에 순종하는 공동체를 통해 열방과 영역을 다스리게 하시는 하나님의 약속 위에 세워져 있다. 이 비전은 네덜란드 신학자 아브라함 카이퍼(Abraham Kuyper)가 제시한 영역주권설(Sphere Sovereignty)과 깊이 연결된다. 카이퍼는 "그리

---

* 문성주 목사는 유학생과 전문인을 하나님의 선교 전략 속 인물로 세우는 목회자이고 성남노회 파송 선교사다. 그의 사역은 무대보다 식탁에서, 강단보다 연구실과 캠퍼스 길 위에서 더 자주 이루어져 왔다. 현재 GMS이주민선교협의회 공동대표로 섬기고 있고 서울대학교 중심 캠퍼스 사역을 하고 있다. 다문화, 다언어 국제 교회인 서울글로벌비전교회를 개척하여 사람을 키우는 사역을 하고 있다. 특별히 전문인 및 차세대 리더 양육 및 역파송을 열방에 하고 있다. 세계 중심 도시에 교회 개척 비전을 가지고 하나님 나라를 확장하는 데 혼신을 다하고 있다.

스도께서 '내 것'이라 외치지 않으시는 영역은 단 한 평도 없다"라고 고백하며, 신앙이 교회 안에만 머무르지 않고 학문, 정치, 외교, 법, 문화, 교육 전 영역을 하나님의 통치 아래 회복해야 함을 강조했다.

GVC의 유학생 선교는 바로 이 영역주권적 관점에서, 유학생을 단순한 신앙인으로가 아니라 각 영역의 전문인 제자로 세우는 선교이다.

2. 서울대학교 중심 유학생 선교의 전략적 중요성

1) 서울대학교: 세계 지성의 교차점

서울대학교는 123개국 이상에서 온 석·박사과정 유학생, 연구원, 교수들이 모이는 다국적, 다문화, 다종교, 다언어권의 집약적 공간이다. 이들은 장차 각국의 대학 교수 및 총장, 국가 연구 기관 책임자, 외교관 및 국제기구 리더, 법조인 및 정책 결정자, 신학자 및 목회자 등으로 성장할 가능성이 높은 미래 글로벌 엘리트 집단이다. 실제 위와 동일한 열매가 나타나고 있어서 얼마나 잠재력이 있는 사역인가를 실감하고 있다. 서울대학교에서 석사와 박사학위를 받고 교수나 총장으로 귀국하여서 교육 전문가로 아프리카에서 학교를 세우고 있다.

세계 공용어인 영어를 사용하는 미국은 기축통화로 쓰이는 달러와 세계 최고의 고등교육 기관인 대학들이 있다. 세계 최고의 대학들이 모두 미국에 밀집되어 있다. 한 나라의 운명을 좌지우지할 리더와 국가 브레인들은 바로 그 나라의 유수한 대학들을 통해 배출된다. 이렇듯 한 국가의 미래를 좌우할 인재를 양성하는 대학은 국가의 운명과도 직결되어 있다. 나라의 경쟁력은 그 나라의 대학을 보면 예측할 수 있다.

이런 중차대한 대학 교육의 중심에 세계 각국에서 온 유학생들이 있다. 한 나라를 이끌어 갈 리더들을 양성하는 대학 선교는 그 어떤 선교보다 더 효과적이고 그 파급 효과는 그 어느 선교 전략보다도 큰 것을 현재 실감하고 있다.

GVC는 이들을 전도 대상이 아닌, 열방을 향한 하나님의 전략적 제자 후보군으로 이해한다.

2) 전문인 선교의 핵심 대상

GVC 유학생 선교는 특히 다음 그룹에 집중한다.

- 석·박사과정 유학생

- 박사 후 연구원(Post-doc)

- 방문·초빙 교수

이들은 이미 각 분야에서 영향력을 갖추었기에, 짧은 기간의 훈련으로도 각국의 핵심 영역에 즉각적 파급력을 가질 수 있는 선교적 가능성을 지닌다.

3. 유학생 선교의 핵심 사역 구조

1) 핵심 사역 4대 축

① 환대와 신뢰 형성: 식탁 공동체, 생활 동행, 한국어 교육, 가정 초대, 신입생 환영회, 졸업 축하 파티, 크리스마스 파티, 생일 축하 파티, 김치 만들기, 한강 유람선 체험, 남산 경복궁 설악산 여행과 체험 등 정서적 돌봄을 통해 문화 종교 언어의 장벽을 넘는 관계를 형성한다.

② 다언어 예배와 말씀: 한국어, 영어, 인니어 중심의 다언어 예배를 통해 처음 신앙을 접하는 다종교 배경 유학생도 이해할 수 있는 복음 구조를 제시한다.

③ 영역주권적 제자 훈련: 성경적 세계관을 바탕으로, 학문과 신앙의 통합을 추구하며, 정체성과 공공성과 소명을 훈련한다. 그 외에도 졸업 비전 여행, 수련회, 여행 등을 통해 제자도를 경험케 한다.

④ 파송과 플랫폼 연결: 졸업, 귀국, 이동 이후에도 현지 교회, 가정 교회, 선교 네트워크, 플랫폼 처치와 연결한다.

2025년에 싱가폴을 방문하였다. 고려대학교에서 싱가폴 사역을 시작했는데 15년 만의 방문이었다. 유학생들이 자국으로 돌아가 CEO로, 교수로, 사회적 리더로 성장할 가능성을 확인하는 시간이었다. 국제 선교 단체 SIM, OMF 대표와 미팅 및 디아스포라와 이주민 선교 담당자를 만남으로 선교의 거점을 준비하는 시간을 가졌다.

서울대 싱가폴 유학생이 2025년 12월에 센터에서 한국어를 배우고 복음을 듣고 싱가폴로 귀국하였다. 지속 가능한 선교를 항상 생각하고 연결의 중요성을 실감하고 있다. 에티오피아, 케냐, 우간다 등 세계 각국의 오대양 육대주에서 오라는 방문 요청을 받고 있다. 귀국 사역의 중요성을 알고 있기에 우선순위를 정하고 선택과 집중적으로 방문을 준비하여서 지속적인 멘토링과 양육을 할 것이다.

2) 플랫폼 처치 모델

플랫폼 처치(Platform Church)는 한 지역에 머무르지 않고, 사람의 이동을 따라 확장되는 교회 모델이다.

2012년 1월 3일, 신촌우리교회(김연태 목사)에서 시작된 유학생 선교 기도 운동을 통해, 이 플랫폼 처치 모델은 실제로 15개 유학생 선교 교회 개척이라는 열매로 이어졌다. 4명의 기도 멤버로 시작한 기도 운동이 14년째 매주 기도회를 하고 있는 것도 하나님의 은혜이다.

4. 기도 운동과 교회 개척의 실제 열매

1) 다니엘 특별작정기도회

유학생 선교의 중심 동력은 언제나 기도였다. 기도 팀을 만들어서 시작을 한 것은 하나님의 큰 은혜였다. 온라인과 오프라인으로 하이브리드 기도회를 하고 있다.

"주님, 교회를 세우소서"라는 제목으로 시작된 다니엘 특별작정기도회는 현재 1935일째 중단 없이 진행되고 있어서 감사하다. 매일 하나님을 의지하는 훈련을 하고 있다. 이 기도는 다음과 같은 열매를 맺었다.

- 유학생 선교 교회 개척
- 전문인 제자 양성
- 글로벌 영적 지도자 양성

2) 경북대학교회 교회 개척 사역

경북대학교회는 2005년에 설립되었으며, 국립대학교 내에 설립된 최초의 대학 교회 중 하나이다. 기독학생센터와 함께 캠퍼스 복음화의 중심 역할을 하고 있다. 경북대학교회가 설립될 당시에 유학생 선교에 특별한 관심을 가지고 있던 필자에게 유학생들은 선교의 아주 중요한 대상으로 보였다. 유학생 사역을 할 당시에 약 750명의 유학생들이 공부를 하고 있었다. 매주 화요일 빈 강의실을 빌려서 모임을 시작하였다. 그것이 교회를 시작할 수 있는 중요한 기반이 되었다. 유학생들이 다 영어로 소통하기에 영어 예배를 1년 만에 시작할 수 있었다. 현재는 아프리카와 다국적 유학생과 자녀들이 이 교회에 출석하고 있다. 유학생들이 교회의 지도자로 중심축에 있다.

3) 인도네시아교회 개척 사역

2024년 1월 7일부터 시작된 서울인도네시아교회 개척 사역은, 요한네스 목사와 함께 현지 교단인 IFGF(인도네시아복음교단)와 동일한 비전을 공유하며 동반자 선교로 진행되고 있다. 2025년 세계 컨퍼런스 인도네시아 발리 현장 보고에 의하면 67개국 575개 도시에 3,586개의 교회가 개척되고 있다.

현재 광주인도네시아교회는 주일 10시 예배를 드리고 있다. 서울인도네시아교회는 주일 오후 5시 예배를 드린다. 결혼 이주민, 자녀들, 근로자, 유학생 등 다양한 배경의 인도네시아인들이 모이고 있다. 이 사역은 나아가 인도네시아인이 많이 모이는 한국의 주요 도시에 교회를 개척하려는 확장 비전을 갖고 있다.

이는 단순한 이주민 교회가 아니라, 세계 중심 도시에 세워지는 다국적 선교 거점 교회를 향한 GVC의 꿈이다.

5. 결론: 전문인 제자를 통해 열방과 도시를 세우는 교회

서울글로벌비전교회의 유학생 선교는 다음의 흐름으로 요약된다.

말씀의 약속 → 기도의 토대 → 유학생 환대 → 영역주권적 제자 훈련 → 전문인 리더 → 도시와 열방 → 교회 개척과 글로벌 영적 지도자 양성.

이 선교는 숫자 중심의 성장 모델이 아니라, 유학생들을 교수·총장·박사·외교관·변호사·목사 등 각 영역에서 그리스도의 주권을 드러내는 전문인 제자로 세우는 데 목적이 있다.

지식 기반 사회에서 지식 재산은 국부의 주요 원천이다. 세계적인 교육 플랫폼을 통해 국제적 지도력을 확보해야 한다. 한국에 다양한 국가의 학생들이 모여 지식 재산 전문 교육을 받게 될 것이다. 각 영역의 지식인과 각 분야에서 전문성과 영성을 훈련하여서 하나님 나라가 확장되도록 하는 것이 핵심 선교 전략이다. 신명기 28장 1절의 약속처럼, 말씀에 순종하는 공동체를 통해 하나님은 오늘도 사람을 세우시고, 그들을 통해 도시를 바꾸며, 열방 가운데 교회를 세우신다.

서울대학교에서 시작된 이 유학생 선교는 한국을 넘어 세계 중심 도시로 확장되는 영역주권적 글로벌 선교 모델로 계속해서 전진하고 있다. 이것이 지금까지 경험한 은혜의 열매이며, 앞으로 하나님께서 이루실 더 큰일들을 향한 믿음의 고백이기도 하다.

유학생 선교는 한국에 하나님이 주신 축복이고 기회이다. 먼저 복음화된 나라가 구약 시대의 예루살렘이나 이스라엘처럼 열방을 끌어들여 복음을 전파하는 구심적 선교이다. 구약 시대에 이방 사람들이 여러 가지 이유로 왔다. 에티오피아의 스바 여왕은 솔로몬의 지혜를 시험하기 위해 그리고 아람의 나아만 장군은 병을 치유받기 위해 예루살렘이나 이스라엘을 자발적으로 찾아왔다. 그 결과 여호와 하나님의 도를 배우고 만나게 되었다.

마찬가지로 한국 한류의 영향으로, 또는 불가사의하게 발전한 한국의 경제를 배우기 위해서 전 세계 유학생들이 오고 있다. 한국 교회는 이들을 품을 공동체로 준비되고 성숙되어야 하는 기로에 서 있다. 아쉬운 것은 한국 교회의 1% 미만이 이런 사역에 관심을 가지고 실질적으로 참여하고 있다는 점이다. 이에 대한 대안으로 목회자와 선교 지도자들을 대상으로 하는 이주민 선교 교육의 중요성을 절감하고 있다.

2023년 5월 1~3일, 2박 3일 동안 제주도 난타호텔에서 지역 교회 담임목회자 100여 명을 초대하여서 이주민 목회와 선교의 중요성과 긴급성을 전파하였다. '이주민 선교' 목회와 선교 패러다임의 변화를 직시하고, 다문화 목회의 구체적인 방법과 전략을 목회에 적용시킬 목적으로 GMS이주민선교협회가 주최가 되어서 이주민 선교 포럼을 하였다. 그 후 2023년 9월 5일에는 진주노회가 요청을 하여서 포럼을 하였다. 2025년 3월에는 서울남

노회 목회자들 90여 명을 대상으로 신반포교회(홍문수 목사)에서 이주민 선교 포럼을, 2025년 9월 9일에는 영월 서머나교회(노인국 목사)에서 40여 명의 목회자 부부를 대상으로 이주민 선교 교육을 하였다. 2026년에도 인천 청천교회에서 노회원들을 대상으로 이주민 선교 교육을 실시할 예정이다. 이제 시작이다. 이주민 선교를 통한 하나님의 나라 운동은 겨자씨 한 알처럼 점점 더 확장하게 될 것이다.

난민 선교의 역사와 현황 및 방향

이호택 대표*

1. 서론

랄프 윈터(Ralph D. Winter)는 세계 기독교 선교 운동을 성경적, 역사적, 문화적, 전략적 관점에서 조망한다. 그는 하나님께서 열방을 하나님 나라로 회복하여 하나님과 친교하는 복을 주시기 위하여 자발적이거나, 비자발적이거나, 나아가거나(원심적), 찾아오는(구심적) 네 가지 유형의 이주를 구속사의 열 시대에 반복적으로 사용하고 계신다고 하였다.

난민은 하나님이 선교하시는 비자발적 구심적 이주 유형이다. 자발적 원심적 이주자인 선교사들이 들어갈 수 없는 분쟁 지역이나 전방 개척 선교 지역으로부터 하나님이 난민들을 강제적(비자발적)으로 끌어내 우리가 거주하는 지역이나 영역으로(구심적) 들여보내 주시는 것이다. 난민은 자발적 구심적 이주자인 외국

* 국내 난민 사역 1세대로서 사단법인 피난처 대표이다.

인 근로자, 결혼 이민자, 유학생 등과 구별되고, 비자발적 원심적 이주자인 디아스포라와도 구별된다.

한국은 2013년 7월 1일 자로 아시아 최초의 독립 난민법을 시행하고, 2015년부터 일본에 이어 아시아에서 두 번째로 재정착 난민을 수용하는 국가가 되었다. 이를 통해 아시아에서 가장 선진적인 난민 제도를 가진 나라로 평가받고 있다. 그러나 한국 교회는 난민 문제에 관하여 지나치게 신중하고 난민 선교에 아직 큰 관심을 보이지 않고 있는 현실이다.

필자는 국내 난민 전문 기독 NGO인 사단법인 피난처 대표로서 1994년부터 '희년 선교회'와 '외국인 노동자 피난처'에서 이주민 사역을 시작했다. 1995년 조선족 사역과 1996년 탈북 난민 사역을 거쳐 1999년부터 난민 인권과 난민 선교의 양 영역에서 한국의 난민 사역을 개척해 온 1세대 난민 활동가로서, 그간 사역 경험을 바탕으로 한국 난민 선교의 현황을 진단하고 나아갈 방향을 제시하고자 한다.

2. 한국의 난민 선교 현황

1) 난민 현황

① 1992년 난민협약 가입으로 1994년 난민 신청 접수가 개시된 이래 2025년 8월 말까지 한국의 누적 난민 신청자는 132,745

명이 되었고, 난민 인정자는 1,621명(인정율 2.7%), 인도적 체류자는 2,713명(보호율 7.1%)이다.

한국의 난민 수용 수준은 세계 177개국의 지난 10년간(2014~2024)의 난민 인정율 평균 19.6%나 보호율 평균 28.5%와 비교하여 현저히 낮다. 또한 2021년 말 기준 인구 천 명당 난민의 숫자는 0.07명으로서 세계 174개국 중에서 130위에 불과해 세계 10위권의 경제력이나 세계 29위의 인구수에 비하여 국제적 책임 분담이 지나치게 적다는 비판을 받고 있다. 난민 인정률이 지나치게 저조하면 보호가 필요한 난민들이 국내에 통합되지도 못하고 귀국하지도 못하면서 국내에서 피폐하고 소외된 삶을 살 수밖에 없으므로 교회는 난민 수용과 교회 통합에 적극적 자세를 가질 필요가 있다.

② 출신 국적별 난민 신청 현황: 우리나라 난민 신청자들의 출신국은 분쟁과 박해가 있는 진 세계의 서의 모든 나라들이다. 2025년 기준 상위 출신국은 러시아, 인도, 카자흐스탄, 말레이시아, 파키스탄, 베트남, 중국, 몽골, 우즈베키스탄, 튀르키예 등으로서 최근에는 분쟁이나 박해와 같은 난민 사유가 경제적 동기나 취업 등 다른 이주 사유와 혼합된 혼합 이주의 양상이 많이 나타나고 있다. 이는 한편에서 박해로 생명의 위협을 당하는 난민들을 보호하기 위하여 마련된 난민 제도가 경제적 이주자들의 취업을 위한 체류 연장의 수단으로 악용되고 있음을 의미하기도 한다.

2) 난민 선교의 역사와 현황

유사 이래 전쟁과 난민은 늘 있었지만, 난민 문제가 인류 공동의 책임으로 인식되기 시작한 것은 1~2차 세계대전이었고, 그 결과로 탄생한 것이 1951년 난민협약과 UNHCR이다. 한편 교회사에도 1541년 칼빈의 제네바 난민 목회나, 1732년 진젠도르프와 모라비안 교회의 난민 선교 사례가 있었다. 최근 교회의 난민 선교 책임이 전 세계적으로 새롭게 부각된 계기는 2001년 아프가니스탄 전쟁과 2011년 아랍의 봄으로 발생한 대규모 무슬림 난민들의 유럽 이주와 회심 사건이다.

2001년 9.11 사건으로 시작된 아프가니스탄 전쟁의 결과 하자라족을 중심으로 페르시아권 난민들이 아프가니스탄, 이란, 튀르키예, 지중해를 거쳐 유럽으로 향하였다. 10년이 지난 2011년 튀니지에서 시작된 아랍의 봄이 22개 아랍권 국가들을 흔들면서 무슬림 난민들이 지중해로 몰려들어 빠져 가고 있을 때, 2015년 9월 2일 '아일란 쿠르디'라는 세 살배기 아이가 지중해에서 엄마 품에 안긴 것처럼 엎드려 죽은 사진이 전 세계인의 마음을 아프게 하였다.

마침내 독일 메르켈 총리가 국경을 열어 난민들을 받기 시작하면서 2015년 한 해 동안 100만 명의 난민들이 유럽^(독일)으로 들어가는 난민의 대이동이 있었다. 이 난민의 여정 가운데 1,400년 이슬람 역사 가운데 한 번도 경험해 보지 못한 수많은 무슬림 난민들의 회심 사건이 일어나게 되었고, 이를 목도한 선교계와 교회가 난민의 의미와 선교 책무를 다시 생각하게 되었다.

우리 민족에게도 난민의 역사가 있었지만 한국 사회와 한국 교회는 난민 문제에 거의 관심이 없었다. 2011년 아랍의 봄 이후 지중해와 유럽에서 난민 문제가 거대한 사회적, 선교적 이슈가 되었지만 한국 교회는 이를 지중해 건너 불로 바라보고 있었다. 그러나 하나님께서는 2018년 5월 예멘 난민 500명을 제주도에, 그리고 2021년 8월 아프간 난민 391명을 서울에, 그리고 시리아 난민 1,500명을 전국에 흩으셔서 세계의 난민들을 선교하는 일의 중심에 한국이 서기 원하심을 보여 주셨다.

하나님께서는 페르시아권 난민을 추수하는 일에 박해당한 하자라족을 사용하셨고, 아랍권 난민들을 추수하는 일에 나라 없는 세계 최대 민족 쿠르드족을 사용하셨다. 그리고 세계 열방의 모든 난민들을 구원하시는 일에 박해당한 한국인을 부르셨다. 중동과 유럽을 중심으로 세계 열방에서 사역하던 한국인 선교사들이 가장 먼저 이 음성을 들었고, 2016년 파리와 프랑크푸르트에 모여 APEN(Arab Persia Europe Network)이라는 난민 선교 네트워크를 만들고 매년 난민 포럼을 개최하고 있다.

그간 한국에서의 난민 사역은 난민 지원 기독 NGO인 사단법인 피난처를 중심으로 추진되었다. 난민 지원 NGO들이 2006년부터 매월 정기적인 모임을 갖고 난민 인권 네트워크를 결성하여 난민 인권 실태 조사, 난민법 제정 운동, 난민의 날 캠페인 등 활발한 활동을 전개한 결과, 난민 제도의 지속적 발전이 있었고 아시아 최초로 독립 난민법을 제정하는 성과도 냈다. 하지만 교회는 이주민 사역의 한 분야로 조금씩 난민 문제에 관심을 갖기 시작하였을 뿐, 아직 본격적인 사역 중심이 형성되지 못하였고 2018년 제주 예멘 난민 사건을 계기로 오히려 난민에 대한 부정적인 시각을 드러냈다.

그러나 최근 무슬림과 난민 선교에 대한 중소형 교회의 역할과 참여를 강조하는 GHA(Global Heart Alliance)가 날개를 펴고 본격적인 네트워크 사역을 추진 중이다. 또 기독교 통일 지도자 양성을 위하여 교계(소망교회, 필그림선교교회 등)와 학계(숭실대 등)가 연합한 통일 리더십 포럼이나 KWMA 한국 선교 지도자 포럼의 모델을 따라, 이주민과 난민 선교를 위하여도 현장과 교회와 학계가 연합한 든든한 네트워크 형성의 필요성이 논의되고 있다.

3. 난민 선교의 방향

1) 재난과 난민의 시대 이해

2050년에 이르면 기후변화로 전 세계 난민은 10억 명이 될 것이다. 기후변화의 결과는 한마디로 기후 난민의 발생과 전 인류의 난민화다. 이미 해수면 상승으로 국토가 물에 잠긴 투발루,

키리바시, 바누아투, 몰디브, 베네치아, 방글라데시 등 섬나라와 저지대로부터 난민이 발생하고, 사하라 사막 이남 경계의 사헬 지역(모리타니, 세네갈, 말리, 부르키나파소, 니제르, 차드 등)에서는 사막화로 말미암은 영토 분쟁과 폭력이 심각해지고 있다. 또한 베네수엘라를 비롯한 중남미는 가난과 폭력이 만연하고 있다.

주의 재림과 세상 끝에 무슨 징조가 있을 것인지에 관한 제자들의 질문에 예수님은 전쟁과 기근과 지진과 전염병이 있을 것이라고 하셨다(마 24:6~7, 눅 21:10~11). 그런데 이러한 재난은 단지 암울한 비극의 소식이 아니라 천국 복음이 모든 민족에게 증거되기 위하여 온 세상에 전파되는 추수와 중생의 산통이라는 것이다(마 24:8, 14). 선교의 완성과 하나님 나라 도래에 하나님이 왜 재난을 사용하시는지 우리는 알지 못한다. 하지만 재난은 하나님을 대적하는 세력들을 흔드시고 돌파하시는 하나님의 선교 방법이다.

지금 세상 가운데 난민이 있는 것은 하나님께서 재난으로 세상을 흔들고 계시기 때문이며 하나님께서 세상을 흔드심은 세상을 정화하고(히 12:26~27) 추수하시기 위함이라는 것을 이해할 때 난민 선교에 대한 시대적 통찰을 얻게 될 것이다.

2) 난민에 의한 난민 선교 사명 이해

종말에 난민 선교의 시대가 열릴 것이다(마 24:7~14). 하나님은 새 하늘과 새 땅이 펼쳐지는 장엄한 역사의 마지막 클라이맥스에 난민(도피한 자, 살아남은 자)들을 열방에서 모으시고 하나님의 영광을 보게 하신 후, 그들을 다시 열방과 먼 섬에까지 보내 모든 형제들을 추수하여 하나님께 예물로 드리는 제사장과 레위인으로 삼겠다고 하셨다(사 66:18~21).

야곱의 열두 아들 가운데 레위는 사람을 죽인 죄로 말미암아 야곱 지파 중에 나누며, 이스라엘 지파 가운데 흩으리라는 유언을 받았다(창 49:7). 결국 레위인들은 땅을 분배받지 못한 채 이스라엘 지파 가운데 마흔여덟 개 성으로 흩어지게 되었지만, 하나님은 레위인들을 제사장으로 삼으셨고 흩어진 레위인들 가운데 여섯 개의 도피성을 세우셨다.

레위의 죄악으로 말미암은 흩어짐을 하나님이 사명으로 바꾸어 주신 것처럼 난민들의 흩어짐도 설령 그것이 그들의 죄악으로 말미암은 결과라 할지라도 하나님께서 사명으로 바꾸어 주실 것이다. 하나님께서는 도피하고 흩어진 난민들을 선택하여 이 마지막 추수의 사명을 감당할 제사장과 레위인으로 삼으실 것이다.

이것이 레위인으로서의 난민들에게 주어지는 선교 완성의 사명이다. 그들은 불쌍한 사람들이 아니라 선교사들이었던 것이다. 세계 도처에서 난민들 가운데 추수가 일어나고 회심한 난민들이 다른 난민들에게 선교하는 부흥이 일어나고 있다.

3) 교회의 주도적 책무와 NGO의 협력

르네 파딜라(C. Rene Padilla)는 교회와 기독교 단체의 협력 관계에 대하여 로잔 보고 문서 LOP 33(Holistic Mission)에서 테즈나오 야마모리 박사의 견해를 소개한다. 그에 따르면 교회는 선교의 주역이요 개척자이며, 기독교 선교 단체는 그 견습생, 촉진자, 촉매제이다. 그러므로 교회는 난민 선교에 있어서 주도적이고 개척자적인 자세를 견지하여야 하고 기독교 선교 단체도 독자적으로 움직이는 것이 아니라 교회를 돕고 교회와 함께하는 난민 선교 전략을 세워야 한다.

교회는 난민들의 피난처가 될 수 있다. 중소형 교회 특히 가정 교회 목장은 난민들이 교회 안에서 '새로운 역동적 관계성'과 '집단성'을 형성하는 데 매우 적합한 모델이 될 수 있다. 본국과의 유대 관계 단절로 인해 새로운 관계 집단 형성이 중요한 상황에서 교회 목장은 난민들이 겪는 트라우미와 고립을 완화할 수 있다. 또 가족 공동체적 특성을 통하여 난민들에게 심리적 안정감과 소속감을 제공하여 새로운 집단성을 자연스럽게 형성하도록 도와줄 수 있고, 난민들이 교회 안에서 새로운 관계망을 형성하고 복음을 자연스럽게 접할 수 있는 환경을 제공할 수 있다. 난민들은 교회, 특히 목장 소속을 통해 새로운 관계 집단을 형성할 수 있으며, 이는 난민 선교의 핵심적인 전략이 될 수 있다.

난민은 '보이지 않는 사람들'이라는 별명이 있다. 가까이 있어도 관심이 없으면 보이지 않는다. 그동안 교회는 난민을 보지 못했다. 그러나 하나님은 사랑과 사명의 눈으로 난민들을 주목하신다. 난민들을 어려움에 빠진 불쌍한 사람들이라고 보는 데 너무나 익숙한 우리들은 그들을 사명자나 선교사로 새롭게 보는 데 망설임이 있을지 모른다. 그러나 난민들의 비자발적인 이주와 도피 가운데는 본인들도 알아채지 못한 하나님의 부르심과 보내심이 있다. 그것은 선교 완성 마지막 주자로서의 사명이다.

종말에 재난이 더욱 많아질 것이고 난민들이 역사의 무대에 자주 등장할 것이다. 재난과 난민은 단순한 비극이 아니라 땅끝까지 복음이 증거되는 산통이다(마 24:6~14). 재난은 난민들을 출산하시고 난민들에게 새 생명을 주시는 하나님의 독특한 선교 방법이요 출산 방법이다.

이민자 고충 상담의 현장 이해
- 사례를 통해 배우는 실천 기법과 돌봄의 구조

송인선 대표*

들어가는 말

한국 사회의 이민자들은 언어와 문화의 장벽을 넘어 의료비, 비자, 주거, 학업 등 복합적인 고충 속에 살아간다. 상담사는 사각지대에서 '당사자의 고통을 가장 먼저 발견하는 사람'이다. 이 글은 지난 24년간의 현장 경험을 바탕으로, 실제 사례를 통해 상담사의 접근 모델과 개입 기법을 학습할 수 있도록 구성했다. 독자는 이민자 고충 상담이 어떻게 생명을 살리고 사회로 연결해 주는지를 이해하게 될 것이다.

1. 고충 상담의 출발점: 사람을 살리는 원칙

고충 상담의 시작은 '문제가 무엇인지'가 아니라 '사람을 어떻게 살릴 것인가'에서 출발한다. 이민자 상담의 핵심 원칙은 다음

* 사단법인 경기글로벌센터 대표이다.

과 같다.

- 공감적 경청(Empathic Listening): 당사자 경험에 온전히 집중

- 위기 개입(Crisis Intervention): 긴급성과 위험성을 최우선 평가

- 이중 구조적 접근: 단기 개입과 장기 돌봄을 동시에 설계

- 옹호(Advocacy): 법·제도적 접근을 통한 권익 대변

- 네트워크 중심 개입(Case Management): 민·관·지역사회 자원 연결

2. 의료 사각지대: 생명의 무게 앞에 선 상담사

1) 사례 개요

뇌출혈로 쓰러진 미등록 이민자가 수천만 원의 치료비를 미납하여 퇴원조차 불가능한 상황에 놓였다. 의료 기관 또한 비용 회수 문제로 진퇴양난인 상황이었다.

2) 상담 개입 및 기법

- 위기 평가: 생명 위험, 경제적 파산, 미등록 체류로 인한 공적 지원 부재를 진단했다.

- 현장 개입: 병원 원무과와 직접 면담하여 중간 예납 없이 '총 의료비의 10~20% 범위 내' 종결하는 협력적 문제 해결 기법을 적용했다.

- 자원 연계: 환자 공동체, 교회, 후원 기관을 통해 부족한 재원을 마련했다.

- 옹호 활동: 병원에 신분이 아닌 생명 중심의 의사 결정을 촉

구하는 가치 기반 설득을 병행했다.

3) 시사점

의료 개입은 예산 확보보다 행정·의료 체계의 마음을 움직이는 협력 조성이 핵심이며, 생명 존중이라는 기본 원칙으로 접근해야 한다.

3. 노숙 외국인 환자 통합 개입: 치료, 행정, 돌봄의 결합

1) 사례 개요

68세 대만 국적 노숙자가 뇌출혈로 쓰러져 국립중앙의료원으로 이송되었다. 회복 후 퇴원해야 했으나, 어느 시설에서도 그를 받아 주지 않았다. 병원 담당자는 본 기관의 '중국 동포 노숙자 케어' 기사를 보고 연락해 왔다.

2) 상담 개입 및 기법

- 대안 탐색: 공적 시설 입소가 불가능한 상황에서 평소 교류하던 요양원과 협력하여 거처를 마련했다.
- 행정 지원: 신분증이 전혀 없는 상태였기에 여권 재발급, 외국인 등록, 장애 등급 신청 등 복잡한 서류 절차를 직접 감당했다.
- 통합 돌봄: 치매를 동반한 그에게 인지 자극과 생활용품을 지원하고, 신앙 공동체와 연결하여 정서적 안정을 도왔다.

3) 시사점

제도권 내 해결책이 없을 때, 기존 체계 밖에서 새로운 돌봄 경로를 만들어 내는 케이스 매니지먼트 능력이 필수적이다.

4. 사별 후 남겨진 이주 여성: 지속 가능한 지원 모델

1) 사례 개요

배우자의 갑작스러운 사망으로 생계가 무너진 이주 여성들은 법적 지원의 사각지대에 놓이기 쉽다.

2) 상담 개입 및 기법

- 위기 구조도 작성: 에코맵(eco-map) 등을 통해 가계 구조와 현실을 진단했다.
- 민간 자원 총동원: 지역 교회와 민간단체를 찾아 단기 생계비와 중장기 자립 설계를 병행했다.
- 사회적 스토리텔링: 상담사의 서술 능력을 통해 외부의 도움을 이끌어 내는 특정 목적형 모금 전략을 사용했다.

5. 출국 유예와 교육권: 청소년 사례에서 본 옹호 활동

1) 사례 개요

P국의 A양은 고교 시절 성인이 되며 체류 자격을 잃었다. 행정 실수로 출국 유예 기간을 하루 넘겨 강제 출국 위기에 처했으나, 상담소의 개입으로 체류 자격을 회복하고 대학교에 입학했다.

2) 상담 개입 및 기법

- 다각도 접촉: 학교, 출입국관리소, 의원실 등 가능한 한 모
든 채널을 가동하여 고충 민원을 제기했다.
- 법·제도 해석 상담: 정확한 법률 분석을 바탕으로 체류 자격
복원을 이끌어 냈다.

3) 시사점

이민자에게 체류 비자는 생명 줄과 같다. 때로는 정책 결정권
자에게 도움을 요청하는 과감한 옹호 활동이 한 사람의 인생을
바꾼다.

6. 대학 등록금 위기: 청년의 학습권 보호

1) 사례 개요

라오스 국적의 여학생이 등록금을 내지 못해 제적 및 출국 위
기에 처했다. 한국에서 자라며 노력해 온 청년의 꿈이 무너질 찰
나였다.

2) 상담 개입 및 기법

- 긴급 자금 마련: 모금액과 비영리 단체의 무이자 대출 300
만 원을 결합하여 등록금을 납부했다.
- 자립 지원: 이후 아르바이트를 연결하고 타 단체의 장학금
(500만 원)을 추천받게 하여 학업을 지속하게 했다.
- 자기효능감 강화: 절망 속의 청년에게 미래 세대 교육의 중

요성을 일깨우며 심리적 지지를 제공했다.

7. 네 아들 가족 이야기: 가족 상담과 법적 개입

1) 사례 개요

폭력 피해로 이혼한 이주 여성이 새로운 가정을 꾸렸으나 배우자의 비자 문제로 가족이 흩어질 위기에 처했다.

2) 상담 개입 및 기법

- 친자 증명: 유전자 검사를 통해 관계를 입증하고 이를 법무부와 외교부에 간절히 호소했다.
- 기적적 초청: 호소력 있는 대안 제시를 통해 배우자가 다시 초청되었고, 현재는 4명의 자녀와 함께 귀화하여 안정적인 가정을 이루었다.
- 가족 시스템 접근: 개인의 문제를 넘어 가족 전체의 구조를 재설계하는 능력이 돋보인 사례다.

8. 끝내 지키지 못한 생명: 상담사의 한계와 반성

1) 사례 개요

중국 동포 남성이 부상과 체납으로 고립되어 집주인의 요청으로 개입했다. 두 차례 긴급 지원을 했으나, 결국 1년 뒤 아사(餓死)로 추정되는 사망 소식을 접했다.

2) 시사점

- 지속적 돌봄의 부재: 일회성 지원만으로는 생명을 지킬 수
  없다.
- 제도적 개선 촉구: 주민센터와 복지관의 지원이 형식적 수
  준(도시락 전달 등)에 그치는 한계가 드러났다.
- 통합 서비스의 필요성: 주거, 식사, 의료가 결합된 통합 보
  호망이 없으면 비극은 반복될 수밖에 없다. 끝까지 세심하
  게 돌보지 못한 책임감이 현장의 큰 숙제로 남았다.

맺음말

이민자 고충 상담은 단순히 문제를 해결하는 '행정 절차'가 아
니라 사람을 다시 일으켜 세우는 '회복의 과정'이다. 한 사람의
비자, 병원비, 학습권을 지켜 낸 상담이 결국 우리 사회의 통합과
생명 실리기로 이어진다. 이 사례들이 현장에서 활동하는 이들
에게 하나의 지침이 되는 살아 있는 교과서가 되길 바란다.

암미선교회 및 암미다문화센터 주요 연혁

1995. 12. 24	외국인 5명과 첫 성탄 예배(인도: 김영애 선교사)
1996. 04. 12	암미선교회 조직, 초대 회장: 송영만 목사(장현제일교회)
1997. 03. 20	제1회 암미 후원의 밤(장소: 평내교회)
1997. 07. 08	이전 감사 예배(지하 50평)
1997. 11. 16	추수감사 예배 및 첫 성례식(세례 5명)
1998. 02. 09	김영애 선교사 파송 예배(주후원: 평내교회)
1998. 04. 10	2대 회장 권성호 목사(평내교회)
1999. 11. 22	제2회 암미 후원의 밤(장소: 벧엘교회)
2000. 12. 07	3대 회장 김응렬 목사(푸른초장교회)
2002. 12. 25	7주년 기념 외국인 축제(장소: 남양주시청)
2000. 12. 28	5주년 기념 감사 예배
2003. 08. 16	선교센터 부지 매입(163평)
2003. 12. 09	4대 회장 권중헌 목사(두란노교회)
2004. 05. 17	사단법인 한국기독교선교단체협의회 가입, 초대 이사장 권성호 목사 선임
2005. 04. 02	입당 감사 예배(2004. 12. 05 선교센터 착공)
2005. 05. 31	김병식 목사 2대 이사장 취임
2005. 07. 10	파블로 페루 선교사 파송(후원: 빛과소금교회)
2005. 12. 16	10주년 기념 감사 축제(장소: 암미선교회)
2006. 02. 19	우고 페루 선교사 파송(후원: 화평교회)
2006. 07. 30	김재영 선교사 페루 파송(후원: 평내교회)
2007. 04. 12	조말수 장로 3대 이사장 취임
2008. 07. 26	신일호 목사 태국 선교사 파송
2010. 12. 14.	창립 15주년 기념 다문화 체험 축제
2012. 05. 12	다문화가정 사역 시작(다문화가정 어머니교실과 자녀교실)
2013. 12. 20	법무부 사회통합프로그램(KIIP) 운영기관 선정(2014. 02. 16 운영 시작)
2014. 04. 14	다문화센터 개원 및 증축 감사 예배(2013. 11. 08 착공, 2014. 03. 05 준공)
2015. 05. 25	오전 예배 후 오후에 KIIP 시작
2015. 12. 25.	창립 20주년 감사 예배 및 김영애 선교사 『말은 안 통해도 선교는 통한다』 출판사인회
2021. 01. 14.	창립 25주년 기념 김영애 선교사 『이주, 다문화 그리고 다양성』 발간
2021. 05. 20	제15회 세계인의 날 양주출입국관리소 지정 우수기관 표창
2024. 04. 26.	김병식 목사 4대 이사장 취임
2026. 03. 28.	창립30주년 감사 예배, 김영애 선교사 은퇴식 및 이준동 목사 대표 취임식, 『이주민 선교 현장 리포트』 출판기념회